hänssler

Meiner Frau
und unseren beiden Töchtern
in Dankbarkeit gewidmet

Friedhold Vogel

Handbuch der
Neutestamentlichen Verheißungen

Die Deutsche Bibliothek – CIP-Einheitsaufnahme

Vogel, Friedhold:
Handbuch der neutestamentlichen Verheissungen / Friedhold
Vogel. – Neuhausen/Stuttgart : Hänssler, 1995
  (Edition C : C ; 437)
   ISBN 3-7751-2285-0
NE: Edition C / C

EDITION C, C 437
Bestell-Nr. 58.137

Inhaltsverzeichnis

Was für ein Buch ist das?

Das „Handbuch der neutestamentlichen Verheißungen" erfüllt mehrere Aufgaben. Das sollten Sie beachten, bevor Sie die weiteren Seiten aufschlagen.

1. Es ist ein Nachschlagewerk. Sie finden in ihm die Verheißungen des Neuen Testamentes. Sie sind in 8 Verheißungsgruppen eingeordnet, die wiederum in mehrere Kapitel unterteilt sind. Wenn Sie für bestimmte Situationen entsprechende Verheißungen suchen, helfen Ihnen die Kapitelüberschriften und die am Schluß des Buches angefügte Begriffskonkordanz.

2. Der gesamte Bibeltext, in dem die Verheißung steht, ist ausgedruckt. Darunter wird die Verheißung speziell wiedergegeben. Da viele Verheißungen mit Bedingungen verknüpft sind, werden diese Bedingungen besonders erwähnt. Wo es zum besseren Verständnis hilfreich ist, werden die Verheißungen inhaltlich und auf dem Hintergrund des textlichen Umfeldes (Kontext) erklärt.

3. Das Buch ist so aufgebaut, daß es eine systematische Lehre des christlichen Glaubens bietet. Es beginnt mit den Verheißungen, die das Christwerden, also Erweckung, Bekehrung und Wiedergeburt, beschreiben. Danach folgen Verheißungen, die alle Bereiche des Christseins betreffen. Hier geht es um Vergebung, Befreiung von Bindungen und Geborgenheit in Gott; um Vollmacht, geistliche Begabungen und Dienst; um Geistesleitung, Glaubensstabilität und besondere Segnungen. Im weiteren werden die Verheißungen genannt, die die zukünftigen Erfahrungen des Christseins beschreiben, die Belohnung für Treue und Hingabe, das zweite Kommen Jesu und die Vollendung in Herrlichkeit.

4. Jedes Kapitel wird, bevor die dazugehörenden Verheißungen genannt werden, ausführlich beschrieben. Dabei werden die Verheißungen in der Gesamtschau der Bibel erklärt. Dadurch soll eine einseitige Auslegung einer speziellen Verhei-

ßung und damit auch eine unsachgemäße Anwendung verhindert werden.

5. Am Schluß der Verheißungsgruppen werden erklärende persönliche Erfahrungen berichtet. Sie sind als Glaubenshilfe gedacht, können und wollen jedoch niemals den vielseitigen Einsatz der Zusagen Gottes voll abdecken.

6. Sie können dieses Buch auch als tägliches Andachtsbuch verwenden, denn Sie finden für jeden Tag des Jahres eine Verheißung: 365mal Verheißungen Gottes.

7. Verheißungen eignen sich ganz besonders als Gebetseinstieg und sind eine starke Gebetsmotivation. In diesem Sinn kann das „Handbuch der neutestamentlichen Verheißungen" zu einem „Handbuch des verheißungsorientierten Gebets" werden.

Ich bete darum, daß Gott Sie in besonderer Weise segnet, wenn Sie zu diesem Buch greifen.

Leinfelden, August 1994

Friedhold Vogel

Die unterschriebenen Schecks

„Auf alle Gottesverheißungen ist in Jesus Christus das Ja; darum sprechen wir auch durch Jesus Christus das Amen, Gott zum Lobe" (2. Korinther 1,20).

Verheißungen sind die Blankoschecks Gottes. Kinder Gottes haben die Vollmacht, sie an der „Bank Gottes" einzulösen. Verheißungen können mit einem Scheckheft verglichen werden. Gott hat es denen ausgehändigt, die sich ihm anvertraut haben. Wenn wir diese Schecks bei Gott vorlegen, werden wir keine Schwierigkeiten bekommen, denn sie sind mit dem Namen unterschrieben, *„der über alle Namen ist"*, mit dem Namen Jesus Christus. Es gibt keine Verheißung in der Bibel, die Gott der Vater nicht mit dem Namen seines Sohnes signiert hätte. Ihm, dem Sohn Gottes, ist *„alle Vollmacht im Himmel und auf der Erde gegeben"* (Matthäus 28,18), auch die Vollmacht über alle Zusagen Gottes.

„Auf alle Gottesverheißungen ist in Jesus Christus das Ja", sagt die Bibel. Unmißverständlich liegt der Akzent auf der Aussage *„in Jesus Christus"*. Er ist der Garant, daß die göttlichen Verheißungen erfüllt werden. Auch wenn manches dagegen spricht, wenn Gebirge von Widerständen alles aussichtslos erscheinen lassen, Gottes Zusagen werden in Erfüllung gehen. Das persongewordene Ja Gottes, Jesus Christus, ist der Bürge dafür. Aber was bringt ein abgezeichneter Scheck, wenn er nicht eingelöst wird? Was nützt die „Eurocard", wenn sie in irgendeiner Schublade in Vergessenheit gerät? Die Antwort ist klar: Nichts! Darum sagt die Bibel nicht nur, daß *„auf alle Gottesverheißungen in Jesus Christus das Ja ist"*, sondern sie fordert uns auf, *„durch Jesus Christus das Amen zu sprechen"*. „Amen" heißt: So ist es! „Amen" meint in diesem Zusammenhang: Ich bin absolut sicher, ich vertraue. Und um auf das Beispiel vom Blankoscheck oder von der „Eurocard" zurückzukommen, „Amen" heißt, jetzt gehe ich mit dem Scheckheft zur Bank. Jetzt bringe ich meine Bedürfnisse, meine Wünsche, meine Bitten mit den Verheißungen Gottes in Verbindung. Jetzt nehme ich diesen Blankoscheck einer ganz bestimmten biblischen Zusage und reiche

ihn mit einem „Amen", mit einem „darauf verlasse ich mich" ein. Und das tue ich „durch Jesus Christus", wie es im oben angeführten Bibelwort heißt.

„Durch Jesus Christus", was heißt das praktisch? Im Grundtext der Bibel steht hier „in Jesus Christus". Das ist eine im Neuen Testament häufig gebrauchte Redewendung. Sie beschreibt die persönliche Beziehung, die tiefe Verbindung eines Menschen mit dem Sohn Gottes.

Zu seinen Jüngern hat Jesus gesagt:

„Wer in mir bleibt und ich in ihm, der bringt viel Frucht" (Johannes 15,5).

Dieses hier angesprochene Einssein mit Jesus Christus, das in der Lebensübereignung an ihn geschenkt wird, ist die absolut notwendige Voraussetzung, um verheißungsorientiert und damit auch verheißungsvoll leben zu können. Nur in dieser persönlichen Beziehung zu Christus kann ich das „Amen" sprechen, durch das die Verheißungen der Bibel zu Erfahrungen des Alltags werden.

Beachten Sie bitte auch die letzten drei Worte dieser Basisverheißung: „Gott zum Lobe".

Der Apostel Jakobus hat bei manchen Christen genau das Gegenteil von diesem „soli deo gloria" festgestellt, wenn er schreibt: „Ihr bittet und empfangt nichts, weil ihr in übler Absicht bittet, nämlich damit ihr's für eure Gelüste vergeuden könnt" (Jakobus 4,3).

Der Egoismus wird hier angeprangert, ein frommer Egoismus. Das Ich steht im Mittelpunkt, nicht die Verherrlichung Gottes. Gebetserhörungen für mich, damit es mir wohlgeht, damit ich gut rauskomme, ich und immer wieder ich. Keine Spur von „Gott zum Lobe". Diese Einstellung entwertet die göttlichen Schecks. Wer in einer solchen Haltung lebt, geht leer aus. Es muß uns um die Verherrlichung Gottes gehen. „Damit wir etwas seien zum Lob seiner Herrlichkeit" (Epheser 1,12) – so hat der Apostel Paulus es formuliert. In dieses Lebensmotto sind alle verheißungsorientierten Bitten, alle Gebete und Gebetserhörungen einbezogen: „. . . zum Lob Gottes." Gott soll im Mittelpunkt stehen. Gott soll gelobt werden. An den erfüllten Verheißungen sollen andere erkennen, wie wunderbar Gott ist. Soli deo gloria – Ihm allein die Ehre.

„Auf alle Gottesverheißungen ist in Jesus Christus das Ja; darum *sprechen wir auch durch Jesus Christus das Amen, Gott zum Lobe.*" Wenn Sie die Verheißungen der Bibel lesen und Ihr Leben danach ausrichten, dann sollten Sie diese fundamentale Verheißung immer im Auge haben. Sie ist sozusagen die „Gebrauchsanleitung" Gottes. Ich fasse das Wesentliche in kurzen Anwendungssätzen zusammen:

1. Rufen Sie es sich immer wieder ins Gedächtnis, daß alle Verheißungen der Bibel mit dem Namen Jesus Christus unterschrieben sind. Diese Unterschrift ist die Garantie Gottes zur Erfüllung. *„Auf alle Verheißungen Gottes ist in Jesus Christus das Ja."*

2. Beachten Sie, daß die persönliche Beziehung zu Jesus Christus die notwendige Voraussetzung für die Erfüllung aller Verheißungen ist: *„. . . in Jesus Christus."*

3. Bringen Sie Ihr Vertrauen den göttlichen Zusagen gegenüber zum Ausdruck, indem Sie das „Amen" darauf sprechen. Es ist das Wort des sieghaften Glaubens.

4. Haben Sie bei allem verheißungsorientierten Bitten immer die Verherrlichung Gottes im Auge: *„Gott zum Lobe."*

5. Üben Sie einen Lebensstil ein, der mit Gottes Verheißungen rechnet. Die Zusagen Gottes sollen und wollen nicht nur punktuell, sondern permanent Ihr Leben bestimmen.

Verheißungsgruppe 1

Vom Start ins Christsein

1. ... der hört meine Stimme

„Wer aus der Wahrheit ist, der hört meine Stimme" (Johannes 18,37).

Ich wollte endlich heraustreten aus der frommen Show. Ich wollte das Christsein nicht mehr länger spielen. Ich wollte Schluß machen mit dem religiösen Theater. Ich hatte es satt, hinter Masken zu leben. Ich wollte wahr werden, wollte wahrhaftig sein. Ich wollte zugeben, daß ich es nicht schaffe. Eine aufregende Zeit damals mit 19, aber wenn ich daran zurückdenke, dann war es eine der wichtigsten Phasen meines Lebens. In schonungsloser Offenheit brachte ich mein Leben mit der Bibel in Verbindung. Ich wurde wahr – und dabei geschah das Wunder, daß ich die Stimme Jesu hörte. Gottes Wort sprach mich an. Ich vernahm Gottes Ruf zur Lebenshingabe an Jesus Christus. Das war die Wende in meinem Leben, der Beginn des Christseins. Am 17. Juni 1956 unterschrieb ich betend und vertrauend eine kleine Karte. Auf ihr stand: „Dem Ruf des Evangeliums folgend übergebe ich mich dem Herrn Jesus Christus als meinem Heiland und Erlöser. Ich danke Gott, daß Er durch das Blut Jesu auch meine Schuld getilgt hat und mein versöhnter Vater im Himmel geworden ist. Ihm will ich gehören für Zeit und Ewigkeit."
Dieses „wahr werden", dieses neue „sehen" ist die Voraussetzung für eine klare Bekehrung zu Jesus Christus und für das Geschenk der Wiedergeburt.
Achten Sie bitte bei den folgenden Verheißungen auf die Begriffe Wahrheit, sehend werden, entdecken, hören. Hier werden die subjektiven Grundelemente des Christwerdens genannt. Aber sie spielen auch im Christsein eine entscheidende Rolle. Sie leiten nicht nur die Lebenswende zum Christwerden ein, sondern auch jede Kurskorrektur im Christsein.

(1) Johannes 7,17

Wenn jemand Gottes Willen tun will, wird er innewerden, ob diese Lehre von Gott ist oder ob ich von mir selbst aus rede.

Verheißung:
„... der wird innewerden (erkennen, entdecken), ob diese Lehre von Gott ist."

Bedingung:
Die Bereitschaft, Gottes Willen zu tun. Auch hier geht es um das Wahrwerden, das sich in der Praxis dadurch zeigt, daß jetzt der Mensch bereit ist, den Willen Gottes zu tun.

(2) Johannes 9,39

Jesus sprach: Ich bin zum Gericht in diese Welt gekommen, damit, die nicht sehen, sehend werden, und die sehen, blind werden.

Verheißung:
„... sehend werden ..."

Erklärung:
Jesus Christus spricht hier nicht das natürliche Sehen an, sondern das Sehen des Herzens. Der Mensch muß sein Verlorensein vor Gott „sehen". Er muß seine Hilflosigkeit und Unfähigkeit, sich selbst zu erlösen und aus eigener Anstrengung in die Gemeinschaft mit Gott zurückzufinden, ein „sehen". Er benötigt geöffnete Augen für das Evangelium: daß Jesus Christus die „Brücke zu Gott" ist und in der Gemeinschaft mit ihm alles neu werden kann. Der religiös ausgerichtete Mensch, der überzeugt ist, die „klare Sicht" zu haben, wird „blind" bleiben oder „blind" werden (Verse 40.41).

(3) Johannes 10,16

Und ich habe noch andere Schafe, die sind nicht aus diesem Stall; auch sie muß ich herführen, und sie werden meine Stimme hören, und es wird eine Herde und ein Hirte werden.

Verheißung:
„... sie werden meine Stimme hören."

Erklärung:
„Dieser Stall" sind die Christusgläubigen aus dem Volk

Israel. Die „anderen Schafe" sind die Gläubigen aus den nichtjüdischen Völkern.

Bedingung:
Innere Offenheit, die Bereitschaft, auf die Stimme Jesu zu hören.

(4) Johannes 18,37

Ich (Jesus Christus) bin dazu geboren und in die Welt gekommen, daß ich die Wahrheit bezeugen soll. Wer aus der Wahrheit ist, der hört meine Stimme.

Verheißung:
„. . . der hört meine Stimme."

Bedingung:
Aus der Selbsttäuschung heraustreten, das Versteckspiel aufgeben und durch und durch wahr werden.

Seine Stimme gehört

Es geschah auf meiner ersten Kinder- und Teenagerfreizeit, die ich leitete.

In den Andachten am Morgen und an den Treffen am Abend sprach ich jeweils über einen Vers aus der Geschichte vom verlorenen Sohn. Der Ruf zu Jesus stand im Mittelpunkt. Und dann geschah es am vierten oder fünften Abend.

Ich sagte im Schlafsaal der Jungen noch persönlich gute Nacht. Da sprach mich Wolfgang, ein 13jähriger, an:

„Kannst du uns erklären, wie man den Ruf Jesu hören kann?"

So hatte noch niemand gefragt, und ich wußte, ehrlich gesagt, darauf keine Antwort. Etwas verlegen sagte ich: „Das werdet ihr schon hören. Erklären kann man das kaum."

Um weiteren Fragen dazu aus dem Weg zu gehen, verließ ich schnell den Raum. In meinem Zimmer habe ich noch länger darüber nachgedacht.

Plötzlich klopfte es an die Tür, und auf mein „Herein" erschien Wolfgang.

„Was willst du denn zu so später Stunde?" fragte ich.

„Ich habe das Rufen Jesu gehört und möchte mich für ihn entscheiden" – war die Antwort.

Ich war völlig überrascht. Damit hatte ich wirklich nicht gerechnet. Bewegt erklärte ich Wolfgang, wie man in einem Gebet
Jesus Christus in das Leben aufnehmen kann. Danach knieten
wir uns zum Gebet nieder.

Wolfgang blieb in dieser Nacht nicht der einzige. Immer wieder
klopfte es, und sie alle sprachen davon, daß sie Jesu Ruf gehört
hatten.

„Wer aus der Wahrheit ist, hört meine Stimme" – eine wunderbare
Verheißung.

2. . . . den werde ich nicht hinausstoßen

„Alles, was mir mein Vater gibt, das kommt zu mir; und wer zu mir kommt, den werde ich nicht hinausstoßen" (Johannes 6,37).

„Glauben Sie, daß Gott mich liebt?" fragte mich ein junger Mann. Er hatte mir seine dunkle Geschichte von Versagen, von Enttäuschungen und Gebundenheiten erzählt. Er hätte genauso fragen können: „Glauben Sie, daß Gott mich annimmt?" Immer wieder wird diese Frage von Menschen gestellt, die ihr Sündersein, ihr Versagersein vor Gott erkannt haben und sich nach Vergebung, nach Gottes Liebe und nach einem neuen Leben mit Jesus sehnen. Manchmal steht die Angst in ihrem Gesicht geschrieben, er könnte sie abweisen. In solchen Situationen wurde die Verheißung „Wer zu mir kommt, den werde ich nicht hinausstoßen" schon für viele der starke Ankerpunkt ihres Glaubens.
Ein Mädchen sagte einmal: „Stoßen darf man auch nicht!" Das war kindlich ausgedrückte Wahrheit. Nein, Jesus stößt nicht weg. Das ist die frohmachende Erfahrung aller, die als Suchende oder als Zerbrochene ihn und seine Liebe suchten. Er, der gesagt hat: „Kommt her zu mir, alle . . .", der nimmt dann auch die, die kommen, an, denn hinter allem Kommen zu Jesus steht ja das Ziehen des Vaters. Keiner würde zu Jesus kommen, wenn ihn nicht Gott, der Vater, dazu bewegen würde. Hören Sie dazu die erklärende Aussage Jesu:
„Es kann niemand zu mir kommen, es sei denn, daß ihn ziehe der Vater" (Johannes 6,44).
Am Anfang allen menschlichen Suchens nach Gott, nach Erlösung, nach dem Angenommenwerden von Jesus steht Gott selbst. Kein Mensch würde nach Gott fragen, wenn Gott nicht zuerst nach dem Menschen fragen würde. Wenn aber Gott die Sehnsucht in einem Menschen zum Aufklingen bringt, das Verlangen nach Gemeinschaft mit ihm und nach Geliebtwerden von ihm erweckt, dann ist sicher, daß er auch den, der dann kommt, annimmt. Wenn Gott ein Verlangen in das Herz eines Menschen legt, dann wird er es auch erfüllen.

(5) Johannes 6,37

Alles, was mir mein Vater gibt, das kommt zu mir; und wer zu mir kommt, den werde ich nicht hinausstoßen.

Verheißung:

„. . . den werde ich nicht hinausstoßen."

Bedingung:

Zu Jesus, dem Retter und Herrn, kommen.

Erklärung:

Dieses „zu Jesus kommen" ist durch ein Hingabegebet möglich, in dem der Mensch eine persönliche Entscheidung trifft und sein Leben dadurch Christus übereignet.

Nummer 73

Er hatte nicht vor, in die evangelistische Veranstaltung zu kommen, wirklich nicht. Er ging einfach so durch die Straßen und entdeckte dabei die hellerleuchtete Kirche. Und da kam ihm der Gedanke, da mal reinzuschauen. Es war eine halbe Stunde vor Beginn der Veranstaltung. So ganz nebenbei nahm er das rote Liederheft und blätterte darin. Dabei blieb er bei dem Lied 73 hängen und las es. Was ihn besonders ansprach, war der Refrain:

Gott öffnet jedem die Tür, jedem, der ihn fragt. Er nimmt die Schuld und gibt Liebe dafür, denn er hat es uns gesagt.

Die Veranstaltung begann und jener junge Mann blieb. Welches Thema ich an diesem ersten Abend behandelte, wie ich die Atmosphäre empfand, das alles weiß ich nicht mehr. Aber eins ist mir in Erinnerung geblieben: Das Schlußlied. Ich hatte ein Lied ausgesucht, das als Abschluß eines jeden Abends gesungen werden sollte: Wohin soll ich gehn, Herr, ich frage dich. Kann das Ziel nicht sehn, Herr, ach führe mich.

Und die Nummer dieses Liedes wollte ich gerade ansagen. Da hörte ich, wie der Gemeindepastor, der direkt unter der Kanzel saß, mir leise aber bestimmt „73" zuflüsterte und nochmal, weil er mein Zögern bemerkte, die Zahl „73" nannte. Ich begriff, daß ich das Lied 73 ansagen sollte. Ich wußte nicht, welches Lied es war und ob es überhaupt an den Schluß des Abends paßte. Aber ich nannte es dann doch. Es war das bereits genannte

Manfred Siebald Lied. Und dann war der Abend zuende. Einige drückten mir noch am Ausgang die Hand. Und da schob sich dieser junge Mann zu mir. „Ich möchte jetzt mein Leben Jesus geben", sagte er etwas stockend und unsicher. Ich war völlig überrascht. Ich hatte an diesem ersten Abend noch nicht deutlich von Entscheidung gesprochen, ich hatte auch in keiner Weise dazu aufgerufen, zu einem Gespräch zurückzubleiben, ich hatte noch nicht einmal die Seelsorge angeboten. „Wie kommen Sie denn dazu?" fragte ich, das ist ja völlig ungewöhnlich am ersten Abend einer solchen Vortragswoche. Wir setzten uns, und dann erzählte er mir folgendes:
„Sehen Sie, dieses Lied, das Sie am Schluß singen ließen, das war es. Ich hatte es zufällig aufgeschlagen und gelesen. Und es packte mich. Plötzlich stand die Frage vor mir, ob Gott die Tür auch für mich geöffnet hat, ob Gott mich überhaupt will. Und da habe ich in meinem Herzen gebetet: ‚Wenn Du mich wirklich willst, dann mach das so, daß heute Abend dieses Lied gesungen wird.' Und Sie haben tatsächlich dieses Lied singen lassen. Ich war so durcheinander. Genau das Lied wurde gesungen mit dem ‚Gott öffnet jedem die Tür'. Das konnte doch kein Zufall sein. Oder?"
„Bestimmt nicht", antwortete ich überrascht, „ganz bestimmt nicht. Ich muß Ihnen verraten, daß ich ein ganz anderes Lied ausgesucht hatte. Aber bevor ich es ansagte, raunte der Gemeindepastor mir ‚73' zu. Also geplant war das wirklich nicht, und der Gemeindepastor hat doch Ihr Gebet nicht gehört."
„Nein. Das hab ich nur gedacht und nicht gesprochen", ergänzte der junge Mann.
„Das ist keine Frage, Gott hat Sie direkt angesprochen. Und die Tür zu einem Leben mit Gott ist heute Abend für Sie geöffnet. Jesus hat gesagt: ‚Alles, was mir mein Vater gibt, das kommt zu mir; und wer zu mir kommt, den werde ich nicht hinausstoßen.'" Ich öffnete meine Bibel und zeigte ihm diesen Satz. „Und wenn Gott für Sie die Tür so handgreiflich geöffnet hat, dann wird Jesus Sie auch annehmen."
Das erlebte kurz danach jener junge Mann, als er in einem Gebet sich Jesus Christus übereignete.

3. ... so wirst du gerettet

„... daß Christus Jesus in die Welt gekommen ist, die Sünder zu retten" (1. Timotheus 1,15).

Wenn von Rettung die Rede ist, dann geht es um Sein oder Nichtsein. Niemand wird einen Rettungshubschrauber anfordern, wenn er sich mit einem Taschenmesser verletzt hat. Nur in lebensgefährlichen Situationen rast der Ambulanzwagen mit Martinshorn und Blaulicht durch die Großstadt. SOS darf nur gefunkt werden, wenn ein Schiff wirklich in Seenot ist. Rettungshubschrauber, Blaulicht, SOS – das setzt äußerste Krisensituation voraus.
Die Bibel berichtet, daß die gesamte Menschheit in eine unheimliche Krisensituation geraten ist. Durch den Sündenfall (1. Mose 3) wurde der Mensch und die Menschheit von Gott weggerissen. Trennung von Gott aber bedeutet Tod, zeitliches und ewiges Verlorensein – unendliches „sinnloses An-sich-Sein". Rettung ist das alles entscheidende Wort und Geschehen der Bibel. Mehr als 70mal kommt der Begriff Rettung und Retter im Neuen Testament vor. Die Engel haben es gerufen, als Jesus geboren wurde: „Euch ist heute der Retter geboren" (Lukas 2,11). Und Jesus selbst sagte: „Der Menschensohn ist gekommen, zu suchen und zu retten, was verloren ist" (Lukas 19,10). Christwerden und Christsein ist also keine religiöse Randverzierung des Lebens, sondern ein existentielles Geschehen. Rettung – die Aufhebung des Sündenfalls, die Zurückbindung des Menschen an Gott, das zeitliche und ewige Heil im umfassenden Sinn – erlebt der Mensch, der sich an Jesus Christus bindet, sich ihm völlig anvertraut. Diese Rettung ist ein erfahrbares Geschehen. Es hat einen Beginn und ein Ziel. Das entscheidende rettende Ereignis ist die Wiedergeburt. Danach handelt der Heilige Geist rettend am Menschen bis zur Vollendung der Rettung. Sie geschieht in der Begegnung mit Jesus in der jenseitigen Welt. Die Bibel sagt: „Wir sind schon Gottes Kinder; es ist aber noch nicht offenbar geworden, was wir sein werden. Wir wissen aber: wenn es offenbar wird, werden wir ihm gleich sein; denn wir werden ihn sehen, wie er ist" (1. Johannesbrief 3,2).

Beachten Sie bitte bei den folgenden Verheißungen, daß Luther den Begriff „Rettung" (Grundtext: soteria) häufig mit „selig" oder mit „Heil", aber auch mit „Hilfe" übersetzt hat.

(6) 1. Timotheus 1,15

Das ist gewißlich wahr und ein Wort, des Glaubens wert, daß Christus Jesus in die Welt gekommen ist, die Sünder selig zu machen (zu retten) . . .

Verheißung:
> „. . . die Sünder selig zu machen (Grundtext: zu retten)."

Bedingung:
> Diese Rettung wird jeder erfahren, der sich auf Grund dieser Verheißung dem Retter Jesus Christus anvertraut.

(7) Johannes 10,9

Ich bin die Tür; wenn jemand durch mich hineingeht, wird er selig (gerettet) werden und wird ein- und ausgehen und Weide finden.

Verheißung:
> „. . . wird er gerettet werden."

Bedingung:
> „Durch Jesus hineingehen" in einen ganz neuen Raum des Lebens. Das geschieht durch die Lebenshingabe an den Sohn Gottes.

(8) Johannes 20,29

Selig sind, die nicht sehen und doch glauben!

Verheißung:
> „Selig sind (gerettet sind) . . ."

Bedingung:
> Jesus Christus vertrauen, auch wenn kein spektakuläres Ereignis eintritt, z. B. Wunder oder Vision oder Erscheinung.

(9) Apostelgeschichte 2,21

Und es soll geschehen: wer den Namen des Herrn anrufen wird, der soll gerettet werden.

Verheißung:
    „. . . der soll gerettet werden."

Bedingung:
    Den Namen des Herrn Jesus Christus anrufen. Gemeint ist der „erste Schrei des Herzens" um Gnade und Vergebung.

(10) Apostelgeschichte 4,12

In keinem andern ist das Heil (die Rettung), auch ist kein anderer Name unter dem Himmel den Menschen gegeben, durch den wir sollen selig (gerettet) werden.

Verheißung:
    „. . . durch den wir sollen selig (gerettet) werden."

Fundament:
    Die Redewendung „Name Jesus" schließt die ganze Person Jesu ein mit allem, was er für die Menschen getan hat, das gesamte Erlösungsgeschehen, sein Reden und Handeln, sein Sterben und Auferstehen und seine Thronbesteigung. Das ist das Fundament für alle Menschen zur Rettung.

(11) Apostelgeschichte 16,31

Glaube an den Herrn Jesus, so wirst du und dein Haus selig (gerettet)!

Verheißung:
    „. . . so wirst du und dein Haus gerettet."

Bedingung:
    Glaube an Jesus Christus in dem schon beschriebenen umfassenden Sinn.

Erklärung:
    Beachten Sie auch, daß der Gefängnisaufseher tief erschüttert war. Er erlebte in diesem gewaltigen Erdbeben die Gegenwart Gottes und kam dadurch zur Erkenntnis seiner

Verlorenheit. Diese Erkenntnis bildete den Ausgangspunkt seines Verlangens nach Rettung.
Der Begriff „Haus" meint die Familie.

(12) Römer 1,16

Denn ich (Paulus) schäme mich des Evangeliums von Jesus Christus nicht; denn es ist eine Kraft Gottes, die selig macht (rettet) alle, die daran glauben.

Verheißung:
> „... die selig macht (rettet) alle ..."

Bedingung:
> An das Evangelium glauben.

Erklärung:
> Jesus Christus ist das Evangelium. Die Frohe Botschaft ist damit eine persongewordene Realität. Das Evangelium ist so gesehen keine Lehre oder Ideologie, sondern eine Person. Darum kann die rettende Kraft des Evangeliums nur von denen erlebt werden, die sich an die Person Jesus Christus durch eine Lebensübereignung binden – das meint „glauben".

(13) Römer 5,10

Denn wenn wir mit Gott versöhnt worden sind durch den Tod seines Sohnes, als wir noch Feinde waren, um wieviel mehr werden wir selig (gerettet) werden durch sein Leben, nachdem wir nun versöhnt sind.

Verheißung:
> „... um wieviel mehr werden wir gerettet werden."

Bedingung:
> Die Versöhnung Jesu annehmen und bewußt im Heute mit ihm leben.

Erklärung:
> „Gerettet durch sein Leben" bedeutet, daß wir jetzt mit Jesus Christus, der uns in seinem Sterben mit Gott versöhnt hat, leben können. Er ist der unsichtbare Begleiter, der uns hält, bewahrt und führt.

(14) 1. Korinther 1,21

Denn weil die Welt (die Menschen), umgeben von der Weisheit Gottes (der Schöpfung), Gott durch ihre Weisheit nicht erkannte, gefiel es Gott wohl, durch die Torheit der Predigt (die Botschaft vom Kreuz) selig zu machen (zu retten), die daran glauben.

Verheißung:
> „. . . selig zu machen (zu retten)."

Bedingung:
> Der Botschaft vom Kreuz (Vergebung, Versöhnung, Loskauf) vertrauen und sich dem, durch den Vergebung, Versöhnung und Loskauf geschehen ist, anvertrauen.

(15) 1. Timotheus 2,4

Gott will, daß allen Menschen geholfen werde (daß alle Menschen gerettet werden) und sie zur Erkenntnis der Wahrheit kommen.

Verheißung:
> „Gott will, daß alle Menschen gerettet werden . . ."

Erklärung:
> „Geholfen" ist ein Begriff, der dem Grundtextwort nicht entspricht. Dort ist von Rettung die Rede. Rettung ist zwar Hilfe, aber nicht jede Hilfe ist Rettung. Rettung setzt Verlorensein voraus. Hilfe setzt lediglich Hilfsbedürftigkeit voraus.

(16) 2. Korinther 6,2

Siehe, jetzt ist die Zeit der Gnade, siehe, jetzt ist der Tag des Heils (der Rettung)!

Erklärung:
> Die gesamte Aussage ist eine wunderbare Verheißung für suchende und heilsverlangende Menschen. Jetzt kann jeder, der will und sich dem Retter Jesus anvertraut, die Errettung erleben.

(17) Galater 1,4

... der (Jesus Christus) sich selbst für unsere Sünden dahingegeben hat, daß er uns errette von dieser gegenwärtigen, bösen Welt (Grundtext: Äon – Zeitabschnitt) nach dem Willen Gottes, unseres Vaters.

Verheißung:
„..., daß er uns errette von dieser gegenwärtigen, bösen Welt (diesem Äon)."

(18) Epheser 5,14

Wach auf, der du schläfst, und steh auf von den Toten, so wird dich Christus erleuchten.

Verheißung:
„... so wird dich Christus erleuchten" (eine andere mögliche Übersetzung: „... so wird dir Christus aufleuchten").

Erklärung:
Es kann dabei an das Ereignis des Christwerdens gedacht werden, also an die Errettung, aber auch an ein immer wieder neues Erwachen, wenn Gottes Geist einem Christen Sünde aufzeigt. Da der Apostel Paulus in diesem Kapitel von konkreten Sünden der Christen spricht, die offenbar unter den Christen in Ephesus vorkamen, ist die zuletzt genannte Erklärung wohl richtig.

Bedingung:
„Aufwachen" und „aufstehen".

(19) 1. Timotheus 2,15

Sie (die Frau) wird aber selig (gerettet) werden dadurch, daß sie Kinder zur Welt bringt, wenn sie bleiben mit Besonnenheit im Glauben und in der Liebe und in der Heiligung.

Verheißung:
„Sie wird aber gerettet werden dadurch, ..."

Bedingung:
Glauben an Jesus Christus, Leben in der Liebe und in der Heiligung.

Erklärung:
Die Aussage „daß sie Kinder zur Welt bringt" kann ver-
wirren. Es ist völlig abwegig, anzunehmen, daß eine Frau
dadurch gerettet wird. In den Versen vorher zeigt der
Apostel, daß im Paradies die Frau sich von der
„Schlange" verführen ließ, nicht der Mann. Nun könnte
mancher auf den Gedanken kommen, daß aus diesem
Grund die Frau etwas Besonderes tun muß, um gerettet
zu werden. Dieser Ansicht wehrt der Apostel in der Aussage „daß sie Kinder zur Welt bringt". Kinder gebären ist
die natürliche Bestimmung einer Frau. Der Apostel zeigt,
daß die Frau einfach ihrer schöpfungsmäßigen Bestimmung leben soll, also ganz natürlich. Die folgenden Aussagen „Glaube, Liebe und Heiligung" zeigen dann, daß
Mütter und Kinder gerettet werden durch Jesus, wie auch
der Mann. Denn auch der Mann wird gerettet durch den
Glauben an Jesus Christus und durch ein Leben in der
Heiligung.

(20) Hebräer 7,25

Daher kann er (Jesus Christus) auch für immer selig machen
(retten), die durch ihn zu Gott kommen; denn er lebt für immer
und bittet für sie.

Verheißung:
„Daher kann er auch für immer retten . . ."

Bedingung:
Durch Jesus zu Gott kommen. Beachten Sie die Aussage
Jesu: „Ich bin der Weg . . ." (Johannes 14,6). Es gibt keine
Rettung für Menschen, die an Jesus vorbei zu Gott kom-
men wollen.

(21) Jakobus 1,21

Darum legt ab alle Unsauberkeit und Bosheit und nehmt das
Wort an mit Sanftmut, das in euch gepflanzt ist und Kraft hat,
eure Seelen selig zu machen (zu retten).

Verheißung:
„. . . eure Seelen selig zu machen."

Bedingung:
    Gottes Wort annehmen und das ablegen, was dem Wort
    Gottes widerspricht (z. B. „Unsauberkeit" – sexuelles
    Fehlverhalten – und „Bosheit" – das Gegenteil von Liebe
    zum Nächsten).

(22) Jakobus 1,25

Wer aber durchschaut in das vollkommene Gesetz der Freiheit
und dabei beharrt und ist nicht ein vergeßlicher Hörer, sondern
ein Täter, der wird selig (gerettet) sein in seiner Tat.

Verheißung:
    „. . . der wird gerettet sein in seiner Tat."

Erklärung:
    Jakobus ist ein Praktiker. Sicher hat er Erfahrungen mit
    Menschen gemacht, die einen bloßen Kopfglauben hatten,
    ein gutes biblisches Wissen, aber ein Leben führten, das
    mit ihrem Glauben nicht im Einklang stand. Sie möchte er
    in besonderer Weise in seinem Brief ansprechen. Der
    Glaube muß im Leben sichtbar werden. Glaube ohne Tat
    ist toter Glaube (2,17). Darum schreibt er: „gerettet sein in
    seiner Tat". Es wäre völlig falsch, daraus den Schluß zu
    ziehen, daß die Taten den Menschen retten könnten.

Geholfen oder gerettet?

Ich hörte von einem jungen Mann, der sich als Matrose ausbil-
den ließ. Als er zum erstenmal zur See fuhr, rief ihm seine gläubige Mutter noch nach: „Vergiß das Beten nicht!" Aber er hatte
wenig Interesse für religiöse Dinge, und so sagte er zwar ja, aber
es war nicht ernst gemeint.
Eines Tages bekam er auf hoher See den Auftrag, an der Bord-
wand des Tankers etwas auszubessern. Niemand war sonst an
Deck, als er in einem kleinen Gerüst seine Arbeiten verrichtete.
Und da geschah es: ein unbedachter Tritt, und er stürzte in die
Tiefe. In diesen wenigen Sekunden, bis er in den Wellen versank, erinnerte er sich an die Worte seiner Mutter, und in seiner
Angst schrie er: „Gott, rette mich!" Aber es schien völlig aussichtslos zu sein. Niemand hatte ihn gesehen, und das Schiff war
in voller Fahrt.

In diesem Augenblick aber, als er abstürzte, betrat einer von den Blauen Jungs das Deck. Er sah gerade noch den Kopf seines Kollegen. Neugierig trat er an die Reling und entdeckte das leere Gerüst. Als er auf das Wasser sah, tauchte in dem Augenblick der Matrose zum erstenmal mit einem Hilfeschrei auf. Die Schiffsmannschaft wurde alarmiert, ein Rettungsboot eingesetzt, und nach kurzer Zeit war der Abgestürzte geborgen. Wieder auf Deck bekannte er, daß Gott an ihm ein Wunder getan hat. Von diesem Tag an glaubte er an die Realität Gottes. Als einige Monate später das Schiff den Heimathafen anlief, berichtete er seinen Eltern ausführlich von diesem Erlebnis, und er bekannte: „Jetzt bete ich, denn ich weiß, daß es einen Gott gibt." Gerade in diesen Tagen fanden an dem Wohnort evangelistische Veranstaltungen statt. Die Mutter lud ihn dazu ein und er ging selbstverständlich mit. Interessiert hörte er auf die Botschaft der Bibel, und dabei erkannte er, daß Gott ihn zwar auf See gerettet hatte, aber daß er noch immer ein Verlorener ist. Er glaubte zwar jetzt an Gott und betete, aber er hatte Jesus noch nicht als Retter seines Lebens angenommen. Ihm war geholfen worden, aber er war noch nicht im biblischen Sinn errettet. An einem der Abende bat er Jesus Christus, die Führung in seinem Leben zu übernehmen. Dabei erlebte er die Realität der Verheißung: „Wer den Namen des Herrn anrufen wird, der soll gerettet werden."

4. ... und werden ohne Verdienst gerecht

„... und werden ohne Verdienst gerecht aus seiner Gnade durch die Erlösung, die durch Jesus Christus geschehen ist" (Römer 3,24).

„Gerecht" ist der zentrale Begriff der folgenden Verheißungsgruppe, und es ist zugleich ein zentraler Begriff der Bibel. Hier geht es um das „Rechtsein", um das „Richtigsein" des Menschen vor Gott. In allen Religionen wird diese Frage aufgeworfen. Was muß der Mensch tun, um vor Gott bestehen zu können? Was muß der Mensch tun, um Gottes Gefallen, Gottes Gunst zu erhalten? Die Geschichte der Religionen zeigt, was der Mensch alles eingesetzt hat und einsetzt, was er es sich kosten ließ und kosten läßt, um vor Gott stehen und bestehen zu können. Wieviele Opfer an Geld und Besitz, an Zeit und sogar an Leben wurden und werden gebracht, um vor Gott „richtig" zu sein. Das Neue Testament setzt hinter alle menschlichen Gerechtigkeitsbestrebungen einen endgültigen Schlußpunkt. Gottes Wort zeigt, daß kein Mensch aus sich heraus in der Lage ist, so zu sein, so zu handeln und so zu leben, daß Gott dazu ja sagen könnte. Das vernichtende Urteil der Bibel lautet:
„Da ist keiner, der gerecht ist, auch nicht einer. Sie sind alle abgewichen und allesamt verdorben. Da ist keiner, der Gutes tut, auch nicht einer" (Römer 3,10.12).
Alle „religiösen Klimmzüge", alle frommen Bemühungen sind also von Anfang an zum Scheitern verurteilt. Der Mensch schafft es nicht. Der Sündenfall und die persönlichen Sünden haben den Menschen innerlich derart zerstört, daß jeder menschliche Wiederherstellungsversuch ein sinnloses Unterfangen ist. Ein Gelähmter kann nicht laufen, ein Blinder kann nicht sehen und ein Stummer kann nicht reden. Darum sagt die Bibel:
„Denn es ist hier kein Unterschied: sie sind allesamt Sünder und ermangeln des Ruhmes, den sie bei Gott haben sollten" (Römer 3,23).
Die wörtliche Übersetzung aus dem Grundtext lautet:
„Alle haben gesündigt und dadurch die Herrlichkeit verloren, die Gott ihnen zugedacht hatte."

Das heißt: Der Mensch hat das verloren, was er braucht, um mit Gott leben zu können. Der Mensch ist nicht mehr „richtig", er ist nicht mehr „sehr gut", wie es Gott am Schöpfungsmorgen benannte. Und nun hören Sie auf diesem dunklen Hintergrund die Frohe Botschaft:

„... *und werden ohne Verdienst gerecht aus seiner Gnade durch die Erlösung* ..."

Nicht der Mensch muß etwas tun, um gerecht sein zu können, sondern Gott tut etwas. Er sendet seinen Sohn zu uns und belastet ihn mit allen unseren „Unrichtigkeiten". Die Bibel sagt: *„Aber der Herr – gemeint ist Gott, der Vater – warf unser aller Sünde auf ihn"* (Jesaja 53,6).

Das geschah auf dem Hinrichtungsplatz Golgatha. Jetzt kann es zu einem wunderbaren Lebenstausch kommen. Jedem, der sich Jesus anvertraut, dem nimmt er das alte, „unrichtige" Leben und gibt ihm sein „richtiges" Leben. Diese geschenkte Gerechtigkeit ist die einzige Gerechtigkeit, die Gott anerkennen kann – denn es ist seine Gerechtigkeit. Selbstgerechtigkeit muß Gott verwerfen, aber die zugeeignete Gerechtigkeit Jesu erkennt er an.

(23) Apostelgeschichte 13,38

So sei euch nun kundgetan, liebe Brüder, daß euch durch ihn (Jesus Christus) Vergebung der Sünden verkündigt wird; und in all dem, worin ihr durch das Gesetz des Mose nicht gerecht werden konntet, ist der gerecht gemacht, der an ihn glaubt.

Verheißung:
  „... ist der gerecht gemacht."

Bedingung:
  Vertrauen, Lebensübereignung an Jesus Christus.

(24) Römer 3,22–24

Ich rede von der Gerechtigkeit vor Gott, die da kommt durch den Glauben an Jesus Christus zu allen, die glauben. Denn es ist hier kein Unterschied: Alle haben gesündigt und die Herrlichkeit verloren, die Gott ihnen zugedacht hatte, und werden ohne Verdienst gerecht aus seiner Gnade durch die Erlösung, die durch Christus Jesus geschehen ist.

Verheißung:

„... und werden ohne Verdienst gerecht aus seiner Gnade durch die Erlösung."

Bedingung:

Glaube an Jesus Christus.

Parallele:

Römer 3,26

(25) Römer 3,28

So halten wir nun dafür, daß der Mensch gerecht wird ohne des Gesetzes Werke, allein durch den Glauben.

Verheißung:

„... daß der Mensch gerecht wird ohne des Gesetzes Werke."

Bedingung:

... allein durch den Glauben.

(26) Römer 4,5

Dem aber, der nicht mit Werken umgeht, glaubt aber an den, der die Gottlosen gerecht macht, dem wird sein Glaube gerechnet zur Gerechtigkeit.

Verheißung:

„... dem wird sein Glaube gerechnet zur Gerechtigkeit."

Bedingung:

Sich nicht auf seine guten Taten (Werke) verlassen, sondern das ganze Vertrauen auf Jesus Christus setzen.

Parallele:

Römer 4,24

(27) Römer 5,16

Denn das Urteil (Tod, Trennung von Gott) hat von dem Einen (Adam) her zur Verdammnis geführt, die Gnade aber hilft aus vielen Sünden zur Gerechtigkeit.

Verheißung:
„... die Gnade aber hilft aus vielen Sünden zur Gerechtigkeit."

Bedingung:
Die Sünden bekennen und die Gnade annehmen.

(28) Römer 5,19

Wie nun durch den Ungehorsam des einen Menschen (Adam) die Vielen zu Sündern geworden sind, so werden auch durch den Gehorsam des Einen (Jesus Christus) die Vielen zu Gerechten.

Verheißung:
„... so werden auch durch den Gehorsam des Einen die Vielen zu Gerechten."

Bedingung:
Der Gehorsam Jesu, der in der Hingabe seines Lebens am Kreuz den „Höhepunkt" erreichte: „Er ward gehorsam bis zum Tode, ja zum Tode am Kreuz" (Philipper 2,8).

(29) Römer 10,4

Christus ist des Gesetzes Ende; wer an den glaubt, der ist gerecht.

Verheißung:
„... der ist gerecht."

Bedingung:
Jesus Christus vertrauen.

(30) Römer 10,9.10

Denn wenn du mit deinem Munde bekennst, daß Jesus der Herr ist, und in deinem Herzen glaubst, daß ihn Gott von den Toten auferweckt hat, so wirst du gerettet. Denn wenn man von Herzen glaubt, so wird man gerecht; und wenn man mit dem Munde bekennt, so wird man gerettet.

Verheißung:
„. . . so wird man gerecht."

Bedingung:
von Herzen glauben, echte Lebensbindung an Jesus.

Verheißung:
„. . . so wird man gerettet."

Bedingung:
öffentlich zu Jesus Christus stehen.

Erklärung:
Gerade diese Verheißung zeigt, daß Christsein auf der einen Seite ein tief innerliches Geschehen ist (. . . von Herzen) und zugleich auch ein bewußt öffentlicher Vorgang (. . . mit dem Mund bekennen).

(31) Galater 2,16

Doch weil wir wissen, daß der Mensch durch Werke des Gesetzes nicht gerecht wird, sondern durch den Glauben an Jesus Christus, sind auch wir zum Glauben an Christus Jesus gekommen, damit wir gerecht werden durch den Glauben an Christus und nicht durch Werke des Gesetzes; denn durch Werke des Gesetzes wird kein Mensch gerecht.

Verheißung:
„. . . damit wir gerecht werden."

Bedingung:
Jesus Christus vertrauen und zwar in dem umfassenden Sinn, wie es die Bibel erklärt.

Das „Aha-Erlebnis"

Vor Jahren rief mich eine junge Frau in ihrer Verzweiflung an. Ihre Mutter hatte sich das Leben genommen, und ausgelöst durch dieses erschütternde Erlebnis stellte sie die Frage nach der Ewigkeit. Am Telefon versuchte ich ihr, nachdem ich einige klärende Antworten gegeben hatte, deutlich zu machen, daß es vor jeder sicher wichtigen Information um das Jenseits entscheidend sei, daß sie eine persönliche Beziehung zu Gott bekomme. Wir vereinbarten einen Gesprächstermin. Da ich in der

Nähe ihrer Arbeitsstelle eine Jugendkonferenz zu leiten hatte, kam sie zunächst, um mich zu hören. Ich predigte an diesem Abend über das Thema „Christwerden".

„Wollen Sie erst noch überlegen, oder möchten Sie heute abend eine Entscheidung für Jesus treffen?" war meine Einstiegsfrage, nachdem wir uns begrüßt hatten.

„Ich möchte sofort klare Sache machen" – antwortete sie.

Nachdem wir uns im Gesprächsraum gesetzt hatten, fragte ich: „Was werden Sie jetzt tun?"

Ihre Antwort: „Ich werde nach Hause fahren, mein Leben in Ordnung bringen und dann versuchen, als Christ zu leben."

Völlig überrascht sah sie mich an, als ich ihr sagte: „Das ist das Falscheste was Sie tun können." Noch einmal versuchte ich, ihr das Evangelium zu erklären: „Jesus Christus will nicht, daß Sie sich zuerst besser machen. Diese Veränderung ist seine Sache. Er liebt Sie, und er möchte Sie so, wie Sie sind. Sie dürfen mit allen Ihren Fehlern sich ihm anvertrauen."

Unter diesen erklärenden Worten hatte sie plötzlich das große „Aha-Erlebnis". Sie blickte durch. Sie begriff das Geheimnis der Gnade. Diese Erkenntnis packte sie so, daß sie weinen mußte.

„Ich werde ein Tempotaschentuch für Sie besorgen", sagte ich und verließ den Raum. Als ich nach wenigen Minuten zurückkam, sah ich eine strahlende junge Frau. Tränen und Freude waren auf ihrem Gesicht zu sehen.

„Was ist mit Ihnen?" fragte ich erstaunt.

„Ich habe mich soeben Jesus anvertraut", war die Antwort. Er hat mich angenommen, und ich weiß, daß ich ein neues Leben von ihm bekommen habe."

An diesem Abend erlebte jene Frau das, was die Bibel so ausdrückt: „. . . *und werden ohne Verdienst gerecht aus seiner Gnade.*"

5. ... die sind Gottes Kinder

„Wie viele ihn aber aufnahmen, denen gab er Macht, Gottes Kinder zu werden" (Johannes 1,12).

Das ist ein verhängnisvoller Irrtum, den man immer wieder zu hören bekommt: „Wir sind doch alle Gottes Kinder." Richtig ist, daß wir alle Gottes Geschöpfe sind. Es ist ein großer Unterschied zwischen Geschöpf und Kind. Geschaffen ist nicht geboren. Sehr deutlich wird dieser Unterschied markiert in Kolosser 1,15:

„Er – Jesus – ist das Ebenbild des unsichtbaren Gottes, der Erstgeborene vor aller Schöpfung."

Jesus wurde nicht von Gott dem Vater geschaffen, sondern von ihm geboren. Darum nennt ihn die Bibel den Sohn Gottes, in Unterscheidung zum Beispiel von den Engeln, die Geschöpfe Gottes sind.

„Denn zu welchem Engel hat Gott jemals gesagt: Du bist mein Sohn, heute habe ich dich gezeugt" (Hebräer 1,5).

Engel und Menschen sind geschaffen, gezeugt wurde nur einer, Gottes Sohn, Jesus Christus. Der Mensch ist darum Geschöpf Gottes und nicht Kind Gottes. Nun aber macht Gott dem Menschen das unglaubliche Angebot, sein Kind werden zu können. Nein, nicht so, daß er ihn sozusagen adoptiert, denn dann wäre der Mensch ja nur ein „Stiefkind" Gottes und Gott wäre der „Stiefvater". Gott will den Menschen lebensmäßig und nicht nur juristisch zu seinem Kind machen. Das geschieht durch das Wunder der Wiedergeburt. Die Bibel nennt das auch „Geburt aus Gott" (Johannes 1,13). Wiedergeburt (Johannes 3,3) heißt: Geburt von neuem. Diese Geburt aus Gott wird dem geschenkt, der Jesus Christus in sein Leben aufnimmt. Hören Sie dazu noch einmal das oben angeführte Bibelwort Johannes 1,12 in einer erweiterten Übertragung:

„Allen Menschen, die Jesus Christus in ihr Leben aufnahmen, gab Gott die Autorität, sich Kind Gottes zu nennen. Das sind die Menschen, die aus Gott geboren sind."

Kind Gottes ist die höchste Stellung, die es im Universum gibt. Davon bewegt schreibt darum der Apostel Johannes: „Seht, welch eine Liebe hat uns der Vater erwiesen, daß wir Gottes Kinder heißen sollen – und wir sind es auch!" (1. Johannesbrief 3,1). „Wir", damit sind die angesprochen, die durch Bekehrung und Wiedergeburt Christen geworden sind.

Sehr deutlich bringt diese Wahrheit auch der Apostel Paulus zur Sprache: „Denn ihr seid alle durch den Glauben Gottes Kinder" (Galater 3,26).

Beachten Sie dabei die Formulierung „durch den Glauben". Wir sind also nicht schon deshalb Gottes Kinder, weil wir Menschen sind, sondern werden es erst „durch den Glauben" an Jesus Christus. Als Kind Gottes habe ich nun das Recht und die Freiheit, zu Gott Vater zu sagen. Mein Schöpfer wurde, weil ich mein Leben Jesus Christus übereignet habe, mein Vater.

Noch nie habe ich erlebt, daß irgendein fremdes Kind mich mit Vater angesprochen hat. Bis jetzt haben das nur unsere beiden Töchter getan – und das mit Recht.

Nur wiedergeborene Menschen haben das Recht, zu Gott Vater zu sagen, und damit ist auch Jesus Christus ihr Bruder, und alle Menschen, die zu Jesus gehören, sind ihre Brüder und Schwestern. Das ist das große Vorrecht der Kinder Gottes.

(32) Johannes 1,12.13

Wie viele ihn aber aufnahmen, denen gab er Macht, Gottes Kinder zu werden, denen, die an seinen Namen glauben, die nicht aus dem Blut noch aus dem Willen des Fleisches noch aus dem Willen eines Mannes, sondern von Gott geboren sind.

Verheißung:
    „. . . denen gab er Macht, Gottes Kinder zu werden."

Bedingung:
    Jesus Christus als Retter und Herrn aufnehmen und ihm vertrauen.

Erklärung:
    Es geht um eine persönliche Beziehung zu Jesus und um eine persönliche Bindung an Jesus. Der Begriff „aufnehmen" zeigt, daß das ein einmaliger Akt ist, ein willentlich vollzogenes Ereignis.

(33) Matthäus 5,9

Selig sind die Friedfertigen (die Frieden stiften); denn sie werden Gottes Kinder heißen.

Verheißung:
  „. . . sie werden Gottes Kinder heißen."

Bedingung:
  Friedfertig sein, Frieden stiften.

Erklärung:
  Muß in Verbindung mit anderen Bibelstellen über die Gotteskindschaft gesehen werden.

(34) Matthäus 12,50

Wer den Willen tut meines Vaters im Himmel, der ist mir Bruder und Schwester und Mutter.

Verheißung:
  „. . . der ist mir Bruder und Schwester und Mutter."

Erklärung:
  Bruder, Schwester, Mutter sind hier Bilder der persönlichen Beziehung zu Jesus Christus.

Bedingung:
  Den Willen Gottes tun.

Erklärung:
  Darf nicht im Sinn von „guten Werken" verstanden werden, sondern als dankbares Tun für das Geschenk des neuen Lebens, für das Geschenk der Gotteskindschaft.

Parallel:
  Markus 3,35

(35) Römer 8,14

Denn welche der Geist Gottes treibt (führt), die sind Gottes Kinder.

Verheißung:
  „. . . die sind Gottes Kinder."

Bedingung:
Durch den Empfang des Heiligen Geistes die Führung des Heiligen Geistes erleben.

(36) 2. Korinther 6,17

Darum „geht aus von ihnen und sondert euch ab", spricht der Herr; „und rührt nichts Unreines an, so will ich euch annehmen und euer Vater sein, und ihr sollt meine Söhne und Töchter sein", spricht der allmächtige Herr.

Verheißung:
„. . . so will ich euch annehmen und euer Vater sein, und ihr sollt meine Söhne und Töchter sein."

Bedingung:
Klare innere Trennung von der Welt.

Erklärung:
Paulus zitiert hier einige Propheten des Alten Testamentes und das auf dem Hintergrund der Verse 14–16 und 7,1. Sie zeigen, daß klare Linien in der Nachfolge Jesu gezogen werden müssen. Allerdings muß dieser biblische Text auf dem Hintergrund aller Aussagen über die Gotteskindschaft gesehen und gedeutet werden.

(37) Galater 3,26

Denn ihr seid alle durch den Glauben Gottes Kinder in Christus Jesus.

Verheißung:
„. . . ihr seid alle durch den Glauben Gottes Kinder."

Bedingung:
Der Glaube, der uns mit Jesus Christus verbindet.

(38) Galater 4,4.5

Als aber die Zeit erfüllt war, sandte Gott seinen Sohn, geboren von einer Frau und unter das Gesetz getan, damit er die, die unter dem Gesetz waren, erlöste, damit wir die Kindschaft empfingen.

Verheißung:

„. . . damit wir die Kindschaft empfingen."

Voraussetzung:

Das erlösende und befreiende Handeln Jesu in seinem Sterben am Kreuz. Dadurch hat er die Voraussetzung geschaffen für die Gotteskindschaft.

Die glücklichste Frau der Welt

So bezeichnete sich meine Schwiegermutter, als sie Jesus Christus übereignete und zu einem Kind Gottes wurde. Es war eine schwere Zeit damals, kurz vor dem Ende des Zweiten Weltkriegs. Mutter hatte in Ungarn ihren ganzen Besitz zurücklassen müssen. Mit ihren drei kleinen Kindern flüchtete sie nach Deutschland. Hier erhielten sie bei einem Bauern eine notdürftige Bleibe. Unzufriedenheit, Enttäuschung, Neid und Verbitterung prägten diese Zeit ihres Lebens. Der einzige „Halt" war ihre religiöse Einstellung. Beinah täglich ging sie in den Nachbarort zur Kirche. Auf dem Weg hin und zurück betete sie dann den Rosenkranz. Aber das alles brachte ihr keine Erleichterung und veränderte ihre negative Lebenshaltung nicht.

In dieser Zeit kam ihr Bruder aus der russischen Kriegsgefangenschaft zurück. Begeistert erzählte er von Jesus Christus und von einem neuen Leben. Er berichtete, daß er in einem deutschen Auffanglager Christen kennengelernt hatte, die ihm dazu verhalfen, sich Jesus Christus anzuvertrauen. Er sprach von Bekehrung und Wiedergeburt, Begriffe, die Mutter noch nie so gehört hatte. Dieser Bericht und die Ausstrahlungskraft der Freude ihres Bruders packte sie so sehr, daß auch sie sich Jesus Christus übereignete. Wenn sie davon erzählt, spürt man noch heute die mitreißende Freude dieses Erlebnisses. Alle Verbitterung, alle Sorgen, aller Neid waren wie weggewischt. „Ich fühlte mich wie die glücklichste Frau der Welt", bekennt sie heute. „Mit niemand wollte ich mehr tauschen. Am liebsten wäre ich von Haus zu Haus gelaufen und hätte allen zugerufen: ‚Kommt zu Jesus! Er macht euer Leben neu.'" Was war an ihr geschehen? Noch immer bewohnte sie mit den Kindern das kleine Zimmer, und das Essen war mehr als dürftig. An dieser Stelle hatte sich nichts geändert.

Aber sie war ein Kind Gottes geworden, und sie erkannte das Unvergleichliche dieses Geschenkes.

Verheißungsgruppe 2:

Von den Grunderfahrungen des Lebens

6. . . . daß er uns die Sünden vergibt

„Siehe, das ist Gottes Lamm, das der Welt Sünde trägt" (Johannes 1,29).

Das rief der letzte Prophet des Alten Bundes, Johannes der Täufer, als er Jesus zum erstenmal sah. Er nannte ihn „Gottes Lamm". Für jeden Juden war der Begriff des Lammes, das Sünde trägt, stark mit persönlichen Erlebnissen gefüllt. Lämmer wurden fast täglich im Tempel als Sündopfer dargebracht. Und einmal im Jahr, am großen Versöhnungstag, trieb man ein solches Tier in die Wüste. Es trug symbolhaft die Sünden des Volkes dorthin. Aber nun stand in ihrer Mitte ein Mensch. Wie konnte ein Mensch ein Sündopfer sein? Würde man diesen Mann eines Tages im Tempel in Jerusalem opfern? Das war unvorstellbar. Noch nie war im Tempel ein Mensch geopfert worden. Menschenopfer waren von Gott verboten. Oder würde man ihn in die Wüste treiben? Auch das war undenkbar. Dieser Ruf Johannes des Täufers: „Das ist Gottes Lamm, das die Sünde der Welt wegträgt", war für alle unverständlich. Drei Jahre später aber wurde dieses prophetische Wort, diese Verheißung, Wirklichkeit. Das, was Johannes voraussagte, ereignete sich nicht im Tempel, sondern auf dem Hinrichtungsplatz Golgatha. Die Bibel sagt:
„. . . wieviel mehr wird das Blut Christi, der sich selbst als Opfer ohne Fehl durch den ewigen Geist Gott dargebracht hat, unser Gewissen reinigen . . ." (Hebräer 9,14).
„Gott warf unser aller Sünde auf ihn (Jesaja 53,6)", schrieb der Prophet Jesaja. Das ist das Fundament für die Vergebung der Sünde. Alle Sünde, die Gott je vergeben hat, die er jetzt vergibt und die er in Zukunft vergeben wird, gründet auf diesem Ereignis.
Weil das Sündopfer Jesu im tiefsten Grunde ein göttliches Geschehen war, ist es von überzeitlicher Bedeutung, und es ist gültig für alle Zeiten. Darum sagt die Bibel:
„Jesus Christus ist ein für allemal erschienen, durch sein Opfer die Sünde aufzuheben" (Hebräer 9,26).
Wer sich Jesus anvertraut, erhält nun eine „Generalamnestie".

Die Sünden des zurückliegenden Lebens werden gelöscht. Davon sprechen alle Verheißungen, die die Vergebung zum Mittelpunkt haben. Zu beachten ist allerdings, daß der Mensch seine Sünde nicht verharmlost und versteckt. Lesen Sie bitte dazu das, was im 1. Johannesbrief 1,7–9 (Verheißungen 49 und 50) steht.

Wo ein Mensch über Sünden nicht zur Ruhe kommt, wo Schuld ihn bis in die Träume hinein verfolgt, sollte er das Angebot der Beichte, des Bekennens vor einem Christen, und den Zuspruch der Vergebung in Anspruch nehmen. Grundsätzlich aber gilt, was im Epheserbrief 1,7 steht:
„In ihm (Jesus Christus) haben wir die Vergebung der Sünden, nach dem Reichtum seiner Gnade."
Wer durch eine Lebensübereignung „in Christus" ist, lebt in einem Bereich ständiger Vergebung. Vergebung ist sozusagen die Luft, die ihn umgibt, ohne die er nicht lebensfähig wäre. Unser neues Leben würde ersticken, wenn wir nicht in der Gegenwart „des Vergebers" und von seiner Vergebung leben könnten.

(39) Matthäus 1,21

Er (Jesus) wird sein Volk retten von ihren Sünden.

Verheißung:
„. . . er wird sein Volk retten von ihren Sünden."

Zielgruppe:
Israel

(40) Matthäus 6,14

Denn wenn ihr den Menschen ihre Verfehlungen vergebt, so wird euch euer himmlischer Vater auch vergeben.

Verheißung:
„. . . so wird euch euer himmlischer Vater auch vergeben."

Bedingung:
Die Verfehlungen der andern vergeben.

(41) Matthäus 12,31

Alle Sünde und Lästerung wird den Menschen vergeben.

Verheißung:
> „Alle Sünde und Lästerung wird den Menschen vergeben."

Erklärung:
> Da es im Textzusammenhang nicht speziell um die Vergebung der Sünde geht, sondern um die Sünde gegen den Heiligen Geist, nennt Jesus Christus keine Bedingung, die im allgemeinen der Vergebung vorausgeht (z. B. 1. Johannesbrief 1,9).

Parallel:
> Markus 3,28 / Lukas 12,10 (. . . wer ein Wort gegen den Menschensohn sagt)

(42) Matthäus 12,32

Wer etwas redet gegen den Menschensohn, dem wird es vergeben.

Verheißung:
> „Wer etwas redet gegen den Menschensohn, dem wird es vergeben."

Erklärung:
> Siehe Erklärung von Matthäus 12,31

(43) Matthäus 26,27.28

Und er (Jesus) nahm den Kelch und dankte, gab ihnen den und sprach: Trinket alle daraus; das ist mein Blut des Bundes, das vergossen wird für viele zur Vergebung der Sünden.

Verheißung:
> „. . . das ist mein Blut des Bundes, das vergossen wird für viele zur Vergebung der Sünden."

Erklärung:
> Natürlich war der Inhalt des Kelches nicht real das Blut Jesu, sondern ein Bild dafür.

(44) Lukas 5,24

Damit ihr aber wißt, daß der Menschensohn Vollmacht hat, auf Erden Sünden zu vergeben . . .

Verheißung:
> „. . . daß der Menschensohn Vollmacht hat, auf Erden Sünden zu vergeben."

Erklärung:
> In Lukas 5,17–26 heilt Jesus Christus einen Gelähmten zum Beweis dafür, daß er auch Sünden vergeben kann.

(45) Johannes 1,29

Siehe, das ist Gottes Lamm, das der Welt Sünde trägt!

Erklärung:
> Das ist das Fundament der Sündenvergebung: Jesus Christus hat die Sünde der ganzen Welt (Kosmos) auf sich genommen und sie weggetragen.

(46) Apostelgeschichte 3,19

So tut nun Buße und bekehrt euch, daß eure Sünden getilgt werden.

Verheißung:
> „. . . daß eure Sünden getilgt werden."

Bedingung:
> Sinnesänderung und Lebenshingabe an Jesus Christus.

Erklärung:
> Buße ist ein Ereignis, das sich im Innern des Menschen vollzieht, eine neue Gesinnung, eine neue Einstellung, eine neue Grundhaltung des Menschen. Bekehrung ist das personale Ereignis, in dem sich der Mensch Jesus Christus hingibt. Der Ehevollzug kann hier als Vergleichsbild gelten. Bevor es zum Eheschluß kommt, ereignet sich etwas im Innern des Menschen: Liebe, Vertrauen, Opferbereitschaft. Dann kommt es in der Öffentlichkeit zum Ehevollzug. Zwei Menschen geben sich das Jawort (Standesamt, Kirche).

(47) Apostelgeschichte 10,43

Von diesem (Jesus Christus) bezeugen alle Propheten, daß durch seinen Namen alle, die an ihn glauben, Vergebung der Sünden empfangen sollen.

Verheißung:
> „. . . daß alle ...Vergebung der Sünden empfangen sollen."

Bedingung:
> Jesus Christus vertrauen.

(48) Apostelgeschichte 26,18

Ich (Jesus Christus) sende dich (Paulus) zu den Heiden, um ihnen die Augen aufzutun, daß sie sich bekehren von der Finsternis zum Licht und von der Gewalt des Satans zu Gott. So werden sie Vergebung der Sünden empfangen . . . durch den Glauben an mich.

Verheißung:
> „. . . so werden sie Vergebung der Sünden empfangen."

Bedingung:
> Umfassende, die gesamten Lebensbereiche einbeziehende Bekehrung zu Gott durch eine Lebensübereignung („Glaube an Jesus") an Jesus Christus.

Erklärung:
> Die biblische Bekehrung ist „zweidimensional": 1.) Sachbezogen, das meint den Lebensstil, hier in der Aussage „. . . von der Finsternis zum Licht" beschrieben, und 2.) personbezogen, das meint eine neue personale Bindung „. . . von Satan zu Gott".

(49) 1. Johannesbrief 1,7

Wenn wir im Licht wandeln, wie er im Licht ist, so haben wir Gemeinschaft untereinander, und das Blut Jesu, seines Sohnes, macht uns rein von aller Sünde.

Verheißung:
> „. . . und das Blut Jesu, seines Sohnes, macht uns rein von aller Sünde."

Bedingung:
   „Im Licht wandeln", das meint, in Wahrhaftigkeit und
   Offenheit vor Gott leben. Also keine „fromme Show",
   kein „religiöses Theater", keine „Maskerade".

(50) 1. Johannesbrief 1,9

Wenn wir unsre Sünden bekennen, so ist er (Gott) treu und gerecht, daß er uns die Sünden vergibt und reinigt uns von aller
Ungerechtigkeit.

Verheißung:
   „... daß er uns die Sünden vergibt und reinigt uns von
   aller Ungerechtigkeit."

Bedingung:
   Die Sünden bekennen, sie aussprechen vor Gott und, wo
   ein Mensch darüber keinen Frieden bekommt, auch aussprechen in der Gegenwart eines Seelsorgers, der dann
   die Vergebung im Namen Jesu zusprechen darf.

(51) 1. Johannesbrief 2,1.2

Meine Kinder, dies schreibe ich euch, damit ihr nicht sündigt.
Und wenn jemand sündigt, so haben wir einen Fürsprecher bei
dem Vater, Jesus Christus, der gerecht ist. Und er ist die Versöhnung für unsre Sünden, nicht allein aber für die unseren,
sondern auch für die der ganzen Welt.

Verheißung:
   „Und wenn jemand sündigt, so haben wir einen Fürsprecher bei dem Vater, Jesus Christus."

(52) 1. Johannesbrief 3,5

Und ihr wißt, daß er erschienen ist, damit er die Sünden weg-
nehme, und in ihm ist keine Sünde.

Erklärung:
   Das ist eine weitere fundamentale Aussage zum Thema
   Sünde und Vergebung.

(53) Hebräer 9,13.14

Denn wenn schon das Blut von Böcken und Stieren und die Asche von der Kuh durch Besprengung die Unreinen heiligt, so daß sie äußerlich rein sind, um wieviel mehr wird dann das Blut Christi, der sich selbst als Opfer durch den ewigen Geist Gott dargebracht hat, unser Gewissen reinigen von den toten Werken, zu dienen dem lebendigen Gott!

Verheißung:
　„... unser Gewissen reinigen von den toten Werken."
Bedingung:
　1. Johannesbrief 1,9

Klamotten wechseln

Auf der Empore saßen einige Rocker. Sie hatten ein Kofferradio dabei und ließen eine Hardrockkassette laufen. Es war klar, sie wollten den evangelistischen Jugendabend sprengen. Zum Glück entdeckte der Gemeindepastor einen ganz Stabilen aus seinem Jugendkreis: „Mach was du willst", flüsterte er ihm zu und deutete nach oben, „nur Ruhe muß sein."
Bernd schaffte es tatsächlich, und der Abend ging ohne Störung zu Ende. Aber danach stürmten die Jungs von oben zum Altar und legten sich mit dem Evangelisten an. Sünde und Vergebung fanden sie out, überhaupt, so behaupteten sie, hätten sie das mit Jesus und der Vergebung nicht gecheckt. Alles religiöses Gefasel.
„Hat jemand von euch schon mal einen Automaten geknackt?" fragte der Evangelist unvermittelt. Einer von ihnen lief rot an, und die anderen grinsten.
„O. K." sagte der Evangelist. „Also stell dir vor, du wirst wieder bei einem solchen Unternehmen geschnappt. Zwei Vorstrafen hast du schon in der Tasche. Jetzt wird es wirklich ernst, das ist dir klar. Du weißt, daß du diesmal nicht mehr durchkommst. Wochen später läuft die Gerichtsverhandlung, und du wirst zu zwei Jahren verdonnert. Eine Welt bricht für dich zusammen. Du siehst dich schon in der Kiste. Und da geschieht etwas Seltsames. Der Richter ruft dich und stellt dir einen älteren Mann vor. Er erklärt, daß dieser Mann deine Strafe übernehmen will. Das alles kommt so überraschend, daß du kaum

denken kannst. Du bist wirklich frei. Du kannst gehen. Unvorstellbar.

So, und jetzt komme ich zu dem Thema, über das ich heute abend gesprochen habe. Jesus Christus hat die Strafe für die Sünden aller Menschen übernommen. Das geschah, als er am Kreuz starb. Darum kann er Sünde vergeben. Vergebung heißt, alle meine Schlechtigkeiten übernimmt ein anderer – und zwar Jesus."

Einige schienen begriffen zu haben. Sie bedankten sich beim Gehen. Einen Tag später betraten zwei von ihnen die Sakristei der Kirche. Dort hatte der Evangelist Sprechstunde. Sie wußten nicht so recht, was sie sagen sollten, bis einer das Kruzifix an der Wand entdeckte.

„Ist das wirklich wahr, daß der alles, was wir verbockt haben, auf sich genommen hat?" fragte er.

„Ja", antwortete der Evangelist, „für mich ist er gestorben und für euch und für alle Menschen. Seine Vergebung habe ich erfahren, und wenn ihr euch ihm anvertraut, dann werdet auch ihr das erleben."

Da sagte einer von ihnen: „Dann wollen wir jetzt unsere alten Klamotten wechseln."

Was dann ausgesprochen wurde, wird nie mehr zur Sprache kommen, denn wenn Jesus vergibt, vergibt er wirklich. Er macht ganze Sache.

7. ... der hat das ewige Leben

„Und das ist die Verheißung, die er uns gegeben hat: das ewige Leben" (1. Johannesbrief 2,25).

„Jetzt lebe ich", sagte ein junger Geschäftsmann zu mir, nachdem er eine Entscheidung für Jesus Christus getroffen hatte. Aber was veranlaßte ihn zu dieser Aussage: „Jetzt lebe ich"? Er hatte doch vor dieser Entscheidung auch schon gelebt, und er hatte nicht schlecht gelebt. Antwort: Jener Geschäftsmann hatte das erfahren, was die Bibel „ewiges Leben" nennt; er wurde von neuem geboren, Gottes Liebe erfüllte sein Herz, und er fühlte die Kraft des Heiligen Geistes.
Fälschlicherweise verstehen viele unter ewigem Leben nur das Leben nach dem Sterben, ein quantitatives Leben, ein Weiterleben ohne Ende. Aber der biblische Begriff „äonios zoe" ist diesseits- und jenseitsbezogen, und er legt den wesentlichen Akzent auf Qualität, auf Inhalt, und nicht auf Zeit. Die Betonung liegt eindeutig auf dem Begriff „Leben" und nicht auf „ewig". Ewig ist nur eine Beifügung, eine selbstverständliche Beifügung. Es kann gar nicht anders sein, als daß dieses Leben, von dem hier die Bibel spricht, ewig ist, denn es ist das Leben Gottes, die höchste Qualität des Lebens, die es gibt. Dieses zoe, dieses göttliche Leben, empfängt der Mensch nicht durch Zeugung und Geburt. Wenn das so wäre, dann wäre es ein vergängliches Leben, denn Jesus Christus sagt:
„Was vom Fleisch geboren wird, das ist Fleisch" (Johannes 3,6). Und wenn dieses vom „Fleisch" geborene Leben unvergänglich wäre, dann wären die Verheißungen der Bibel, die vom ewigen Leben sprechen, überflüssig, dann hätte ja jeder Mensch dieses ewige Leben von Anfang seines Lebens an.
Menschliches Leben wird in der Bibel mit dem Begriff „psyche" beschrieben. Das kann mit „seelischem Leben" übersetzt werden. Das zoe, das „göttliche oder geistliche Leben" erhält der Mensch ebenfalls durch Zeugung und Geburt und zwar durch eine geistliche Zeugung und durch eine geistliche Geburt. Darum sagt Jesus im Gegensatz zu der Geburt aus dem „Fleisch":

„Was vom Geist geboren ist, das ist Geist" (Johannes 3,6).
Beachten Sie dazu zwei biblische Texte:
„Denn wenn ihr auch zehntausend Erzieher hättet in Christus,
so habt ihr doch nicht viele Väter; denn ich (der Apostel Paulus)
habe euch gezeugt in Christus Jesus durchs Evangelium" (1.
Korinther 4,15).
Das ist die eine Aussage. Sie spricht davon, daß immer dort, wo
ein Mensch mit offenem Herzen das Evangelium hört, ein Zeu-
gungsprozeß stattfindet. Neues Leben entsteht im innersten
Bereich seiner Seele, in seinem Geist. Aber wie gezeugtes Leben
eines Tages geboren werden muß, so spricht auch die Bibel von
einer neuen Geburt. Jesus sagt:
„Es sei denn, daß jemand von neuem geboren werde, so kann er
das Reich Gottes nicht sehen" (Johannes 3,3).
Im Grundtext steht hier „von oben geboren", von Gott geboren
(Johannes 1,13). Und wer das erlebt, der hat Gottes Leben und
damit ewiges Leben. In Gottes neue Welt, in den Himmel oder
in das Reich Gottes wird nur der Mensch kommen, der dieses
neue Leben hat.
Wenn in den folgenden Verheißungen von „ewigem Leben"
oder vom „Himmelreich" oder vom „selig werden" oder vom
„Leben in Ewigkeit" die Rede ist, dann ist immer dieses zoe gemeint, das göttliche Leben, das zugleich ewiges Leben ist.

(54) 1. Johannesbrief 2,25

Und das ist die Verheißung, die er uns gegeben hat: das ewige
Leben.

Erklärung:
> Diese Verheißung wird DIE Verheißung genannt, weil sie
> sozusagen alle anderen Verheißungen einschließt; denn
> ewiges Leben ist erfülltes, brauchbares, siegreiches, kraft-
> volles, gesegnetes und unvergängliches Leben.

(55) Matthäus 5,3

Selig sind, die da geistlich arm sind; denn ihrer ist das Himmelreich.

Verheißung:
> „. . . ihrer ist das Himmelreich."

Bedingung:
Die geistliche (innere) Armut erkennen.

Erklärung:
Wer diese „geistliche Armut" erkennt, wird dadurch offen für eine Lebenshingabe an Jesus Christus.

(56) Matthäus 5,10

Selig sind, die um der Gerechtigkeit willen verfolgt werden; denn ihrer ist das Himmelreich.

Verheißung:
„. . . ihrer ist das Himmelreich."

Bedingung:
Die Bereitschaft, auch in Zeiten der Verfolgung zu Jesus zu stehen.

(57) Matthäus 7,14

Wie eng ist die Pforte und wie schmal der Weg, der zum Leben führt, und wenige sind's, die ihn finden.

Verheißung:
„. . . der zum Leben führt."

Erklärung:
Leben (zoe) ist Leben aus Gott, im Gegensatz zu psyche, dem natürlichen, menschlichen Sein. Es beinhaltet erfülltes Leben und ewiges Leben, Leben, das der Tod nicht vernichten kann. Hier wird dieses Leben dem Begriff „Verdammnis", Verurteilung, gegenübergestellt. Darum muß an dieser Stelle der Akzent mehr auf das jenseitige Leben (Himmel) gelegt werden.

Bedingung:
Durch die enge Pforte gehen (Vers 13).

Erklärung:
Ein Bild für die kompromißlose Bekehrung zu Jesus Christus. Diese „Pforte" ist er selbst (Joh. 10,9).

(58) Matthäus 7,21

Es werden nicht alle, die zu mir sagen: Herr, Herr!, in das Himmelreich kommen, sondern die den Willen tun meines Vaters im Himmel.

Verheißung:
> „. . . in das Himmelreich kommen."

Bedingung:
> Den Willen Gottes tun.

Erklärung:
> Darf nicht isoliert von anderen Aussagen der Bibel über die Verheißung des ewigen Lebens gesehen werden.

(59) Matthäus 8,11

Viele werden kommen von Osten und von Westen und mit Abraham und Isaak und Jakob im Himmelreich zu Tisch sitzen.

Verheißung:
> „Viele werden kommen von Osten und von Westen und mit Abraham und Isaak und Jakob im Himmelreich zu Tisch sitzen."

Bedingung:
> Glauben, Vertrauen (Vers 10). Beachten Sie bitte die Formulierung: „solchen Glauben".

(60) Matthäus 10,22

Und ihr werdet gehaßt werden von jedermann um meines Namens willen. Wer aber bis an das Ende beharrt, der wird selig werden.

Verheißung:
> „. . . der wird selig werden."

Bedingung:
> Bei Jesus bleiben, auch in Krisensituationen durchhalten.

Zielgruppe:
> Jesu Jünger damals, aber auch alle, die in ähnliche Situationen hineingeführt werden.

Parallele:
Matthäus 24,13

(61) Matthäus 19,14

Lasset die Kinder und wehret ihnen nicht, zu mir zu kommen; denn solchen gehört das Himmelreich.

Verheißung:
„. . . solchen gehört das Himmelreich."

Erklärung:
Kinder sind, solange sie noch nicht entscheidungsfähig sind, Bürger des Reiches Gottes. Jedes Kind, ob getauft oder nicht, in einem christlichen Raum geboren oder nicht, kommt, wenn es stirbt, in den Himmel.

Parallel:
Markus 10,14/Lukas 18,16

(62) Matthäus 25,46

Und sie werden hingehen: diese zur ewigen Strafe, aber die Gerechten in das ewige Leben.

Verheißung:
„. . . in das ewige Leben."

Bedingung:
Zu den Gerechten gehören.

Erklärung:
Siehe Römer 1,16.17 und 5,1

(63) Lukas 6,20

Selig seid ihr Armen; denn das Reich Gottes ist euer.

Verheißung:
„. . . denn das Reich Gottes ist euer."

Bedingung:
Jünger Jesu sein.

Erklärung:
Die sogenannten Seligpreisungen beginnen mit der Aus-

sage: „Und Jesus hob seine Augen auf über seine Jünger und sprach." Er hat also nicht die Armen an sich angesprochen, sondern seine Jünger, die um seinetwillen alles verlassen haben. Jesus hat hier nicht pauschal allen Armen das Reich Gottes versprochen.

(64) Johannes 3,14.15

Wie Mose in der Wüste die Schlange erhöht hat, so muß der Menschensohn erhöht werden, damit alle, die an ihn glauben, das ewige Leben haben.

Verheißung:
    „... das ewige Leben haben."
Bedingung:
    An Jesus Christus glauben.
Erklärung:
    An Jesus Christus glauben ist ein personales Geschehen. Dabei vertraut sich ein Mensch mit seinem ganzen Sein Jesus Christus an. Er bindet sich an ihn.

(65) Johannes 3,16

Also hat Gott die Welt geliebt, daß er seinen eingeborenen Sohn gab, damit alle, die an ihn glauben, nicht verloren werden, sondern das ewige Leben haben.

Verheißung:
    „... nicht verloren werden, sondern das ewige Leben haben."
Bedingung:
    Jesus Christus vertrauen im Sinn der persönlichen Bindung.

(66) Johannes 3,36

Wer an den Sohn Gottes glaubt, der hat das ewige Leben.

Verheißung:
    „... der hat das ewige Leben."

Bedingung:
Jesus Christus wie oben beschrieben vertrauen.

(67) Johannes 5,25

Wahrlich, wahrlich, ich sage euch: Es kommt die Stunde und ist schon jetzt, daß die Toten hören werden die Stimme des Sohnes Gottes, und die sie hören werden, die werden leben.

Verheißung:
„... daß die Toten hören werden die Stimme des Sohnes Gottes."

Erklärung:
„Die Toten" sind hier nicht die Verstorbenen, sondern die von Gott durch die Sünde getrennten Menschen, die geistlich Toten (Epheser 2,1.5).

Verheißung:
... die werden leben.

Erklärung:
Gemeint ist das neue Leben, das ewige Leben, das Leben mit Gott.

Bedingung:
Mit dem Herzen auf Jesus hören, sich dem Wort von Jesus ganz öffnen und darauf mit der Hingabe des Lebens antworten. „... und die sie hören werden", das ist mehr als nur ein Hinhören, mehr als nur ein akustisches Hören.

(68) Johannes 6,47

Wahrlich, wahrlich, ich sage euch: Wer glaubt, der hat das ewige Leben.

Verheißung:
„... der hat das ewige Leben."

Bedingung:
Glauben an Jesus Christus.

(69) Johannes 6,50

Dies ist das Brot, das vom Himmel kommt, damit, wer davon ißt, nicht sterbe.

Verheißung:
„. . . nicht sterbe."

Bedingung:
Von dem Brot essen, das vom Himmel gekommen ist.

Erklärung:
Jesus Christus essen: eine bildhafte Beschreibung für das Aufnehmen Jesu in das Leben.

(70) Johannes 6,51

Ich bin das lebendige Brot, das vom Himmel gekommen ist. Wer von diesem Brot ißt, der wird leben in Ewigkeit. Und dieses Brot ist mein Fleisch, das ich geben werde für das Leben der Welt.

Verheißung:
„. . . der wird leben in Ewigkeit."

Bedingung:
Von dem Brot essen, das Jesus Christus ist.

Erklärung:
An dieser Stelle spricht Jesus Christus auch von der Hingabe seines Lebens am Kreuz.

(71) Johannes 6,57

Wie mich der lebendige Vater gesandt hat und ich lebe um des Vaters willen, so wird auch, wer mich ißt, leben um meinetwillen.

Verheißung:
„. . . leben um meinetwillen."

Bedingung:
Jesus Christus in sich aufnehmen, „essen".

(72) Johannes 6,58

Wer dies Brot ißt, der wird leben in Ewigkeit.

Verheißung:
„. . . der wird leben in Ewigkeit."

Bedingung:
Jesus Christus in sich aufnehmen

(73) Johannes 8,51

Wahrlich, wahrlich, ich sage euch: Wer mein Wort hält, der wird den Tod nicht sehen in Ewigkeit.

Verheißung:
„. . . der wird den Tod nicht sehen in Ewigkeit."

Bedingung:
Das Wort Gottes hören und danach handeln.

Erklärung:
Gemeint ist das Evangelium.

(74) Johannes 11,25.26

Ich bin die Auferstehung und das Leben. Wer an mich glaubt, der wird leben, auch wenn er stirbt; und wer da lebt und glaubt an mich, der wird nimmermehr sterben.

Verheißung:
„. . . der wird leben, auch wenn er stirbt."
„. . . der wird nimmermehr sterben."

Erklärung:
Das neue Leben, das ZOE, das der empfängt, der sich Jesus Christus anvertraut, ist dem Tod und dem Sterbeprozeß nicht mehr unterworfen, da es ja Leben von Gottes Leben ist, also kein PSYCHE, kein seelisches Leben.

Bedingung:
Jesus Christus vertrauen.

(75) Johannes 12,26

Wer mir dienen will, der folge mir nach; und wo ich bin, da soll mein Diener auch sein. Und wer mir dienen wird, den wird mein Vater ehren.

Verheißung:
"... da soll mein Diener auch sein."
"... den wird mein Vater ehren."

Erklärung:
Der Textzusammenhang läßt erkennen, daß es um das ewige Leben geht.

Bedingung:
Nachfolge und Dienst. Beides kann nicht getrennt werden.

(76) Johannes 12,32

Und wenn ich erhöht werde von der Erde, so will ich alle zu mir ziehen.

Verheißung:
"... so will ich alle zu mir ziehen."

Erklärung:
Der nachfolgende Vers 33 zeigt, daß Jesus hier von seinem stellvertretenden Sterben spricht. Dieses Opfer des Sohnes ist die Grundlage des ewigen Lebens.

(77) Johannes 17,2

Denn du (Gott der Vater) hast ihm (Jesus Christus) Macht gegeben über alle Menschen, damit er das ewige Leben gebe allen, die du ihm gegeben hast.

Verheißung:
"... damit er das ewige Leben gebe allen, die du ihm gegeben hast."

Erklärung:
In Johannes 6,37 steht: "Alles, was mir mein Vater gibt, das kommt zu mir." Und im 44. Vers steht: "Es kann niemand zu mir kommen, es sei denn ihn ziehe der Vater."

Jedes echte Kommen eines Menschen zu Jesus geht von Gott dem Vater aus. Der Vater zieht uns zum Sohn, und der Sohn führt uns zum Vater.

(78) Galater 6,8

Wer aber auf den Geist sät, der wird von dem Geist das ewige Leben ernten.

Verheißung:
> „. . . der wird von dem Geist das ewige Leben ernten."

Bedingung:
> Auf den Heiligen Geist setzen („säen"), das heißt alles von ihm erwarten, ihm vertrauen, ihm gehorchen. Wie ein Samenkorn sich nur in der Erde entfalten kann, so kann sich der Christ nur entfalten, wachsen und reif werden für das ewige Leben in der Verbindung mit dem Heiligen Geist.

(79) 2. Timotheus 2,11

Das ist gewißlich wahr: Sterben wir mit, so werden wir mitleben.

Verheißung:
> „. . . so werden wir mitleben."

Bedingung:
> Bereit sein, den Sterbensweg mit Jesus zu gehen. Beachten Sie hier Matthäus 16,24.25.

(80) 1. Johannes 2,17

Die Welt vergeht mit ihrer Lust; wer aber den Willen Gottes tut, der bleibt in Ewigkeit.

Verheißung:
> „. . . der bleibt in Ewigkeit."

Bedingung:
> Den Willen Gottes tun. Beachten Sie dabei besonders die Verheißung Johannes 6,40.

Der Himmel erfüllt mein Herz

Wir kannten den Mann nicht, zu dem wir, ein Mitarbeiter und ich, gerufen wurden. Krebs im letzten Stadium. Abgemagert lag er in den Kissen. Er sah uns voller Erwartung an, als wir uns vorstellten: „Ich bin als Evangelist tätig", erklärte ich ihm. „Früher betreute ich eine Gemeinde. Jetzt ist der deutschsprachige Raum mein Arbeitsfeld. Mein Mitarbeiter, Herr Glöckner, war viele Jahre Manager in einem Weltkonzern. Erst vor wenigen Jahren kam er zum Glauben an Jesus Christus. Aber ich nehme an, daß er Ihnen davon berichten wird."

Damit waren wir mitten in dem Thema, das wohl hier das einzig richtige war. Jesus mußte bekannt gemacht werden, und es mußte vom ewigen Leben gesprochen werden.

Nein, jener Mann hatte sich nie besonders mit Gott beschäftigt, das gab er offen zu. Die Bibel war für ihn ein fremdes Buch. Der Name Jesus sagte ihm nicht viel. Aber er war erstaunlich offen. Jeder Satz traf auf Zustimmung. Ich erklärte ihm an Hand einer einfachen Grafik das Evangelium. Ich skizzierte die Kluft, die die Sünde zwischen Gott und Mensch aufgerissen hat, und zeichnete dazwischen das Kreuz, die Brücke zum ewigen Leben. Er war sichtlich bewegt, als ich ihm sagte, daß Jesus Christus diesen Abgrund in seinem Sterben für uns überbrückt hat. Wir lasen dann den Bibeltext aus dem 1. Timotheusbrief 2,5:

„Denn es ist *ein* Gott und *ein* Mittler zwischen Gott und den Menschen, nämlich der Mensch Christus Jesus, der sich selbst gegeben hat für alle zur Erlösung."

Danach erzählte mein Mitarbeiter, wie er an seinem 54. Geburtstag beim Festessen von einem Evangelisten angesprochen wurde. Er hatte ihm dasselbe erklärt, und dabei sei ihm zum erstenmal bewußt geworden, daß er Jesus Christus brauche. Noch an diesem Tag habe er sich in einem Gebet für Christus entschieden.

Als wir den Sterbenden fragten, ob er bereit sei, Jesus Christus als Retter und Herrn in sein Leben aufzunehmen, kam das Ja ohne Zögern. Es kam so sicher, als habe er schon lange auf diese Frage gewartet.

Wir alle spürten Gott in diesem Krankenzimmer. Wir hatten Tränen in den Augen, als der Mann in seinem Bett zu Jesus betete und sich ihm übereignete. Und man sah es an dem Glanz seiner Augen, als er uns danach ansah. Er hätte die Worte des Liedes sprechen können „Der Himmel erfüllt mein Herz". Da war ein Strahlen unter Schmerzen, Leben am Rande des Todes. Gottes Ewigkeit leuchtete in die Zeit.

8. ... so seid ihr wirklich frei

„Wenn euch nun der Sohn frei macht, so seid ihr wirklich frei" (Johannes 8,36).

Tumult und Rebellion gab es unter den Zuhörern Jesu, als er seine Rede über „Gebundenheit und Befreiung" hielt. „Wir sind keine Sklaven", konterten sie, „wir sind freie Menschen." Sie fanden seine Darlegungen zum Thema Freiheit völlig deplaziert. Daraufhin klärte sie Jesus über eine Macht auf, der alle Menschen versklavt sind, und zwar solange versklavt sind, bis er, der Sohn Gottes, sie davon befreit. Er sprach zuerst von der Macht der Sünde, aber er versuchte ihnen auch den Denkhorizont zu öffnen für eine personale Macht, für Satan, den Sklavenhalter der Hölle. Jesus sagte:
„Wer Sünde tut, der ist der Sünde Knecht (Sklave im biblischen Grundtext)" (Johannes 8,34).
Und weiter sagte ihnen Jesus:
„Ihr habt den Teufel zum Vater, und nach eures Vaters Gelüste wollt ihr tun. Der ist ein Mörder von Anfang an ... er ist ein Lügner und der Vater der Lüge" (Johannes 8,44).
Das waren für seine Zuhörer schwer verdauliche Aussagen, und das brachte ihm keine Freunde, ganz im Gegenteil. Keinesfalls wollte Jesus provozieren und er wollte auch nicht schokkieren, er wollte sie mit der Wahrheit konfrontieren, er wollte ihnen die Augen öffnen, daß sie bereit würden, sich von ihm in die Freiheit führen zu lassen.
Es gibt also eine alle Menschen einschließende Gebundenheit, die Gebundenheit an die Sünde und über die Sünde an Satan. Frei davon kann nur der werden, der sich Jesus Christus, dem Erlöser, übereignet. Die Bibel sagt:
„Er – Gott, der Vater – hat uns errettet von der Macht der Finsternis und hat uns versetzt in das Reich seines lieben Sohnes, in dem – Jesus Christus – wir die Erlösung haben, nämlich die Vergebung der Sünden" (Kolosser 1,13.14).
Neben dieser fundamentalen Befreiung, die jeder in der Wiedergeburt erlebt, gibt es auch individuelle Befreiungserfahrungen. Das ist besonders in den Bereichen der Fall, wo Menschen

durch Zauberei und Aberglauben oder durch religiöse Zwänge (1. Korinther 8,8) zu Gebundenen geworden sind. Eine solche individuelle Befreiungserfahrung wird im 13. Kapitel des Lukasevangeliums berichtet. Der zentrale Satz in diesem Bericht lautet:
„Sollte dann nicht diese Frau, die doch Abrahams Tochter ist, die der Satan schon achtzehn Jahre gebunden hatte, am Sabbat von dieser Fessel gelöst werden?" (Vers 16).
Diese Lösung aus einer satanischen Bindung geschah durch ein befehlendes Wort: *„Sei frei von deiner Krankheit!"*, und sie geschah durch Handauflegung nach dem Befreiungswort: *„Und Jesus legte die Hände auf sie."*
An dieser Frau erfüllte sich individuell die Verheißung: *„Wenn euch nun der Sohn Gottes frei macht, so seid ihr wirklich frei."*

(81) Johannes 8,36

Wenn euch nun der Sohn frei macht, so seid ihr wirklich frei.

Verheißung:
> *„. . . so seid ihr wirklich frei."*

Bedingung:
> Der Sohn Gottes, Jesus Christus, muß frei machen.

(82) Matthäus 20,28

Der Menschensohn ist nicht gekommen, daß er sich dienen lasse, sondern daß er diene und gebe sein Leben zu einer Erlösung für viele.

Verheißung:
> *„. . . Erlösung für viele."*

Erklärung:
> Der Begriff „Erlösung" kann besser mit „Freilösung" übersetzt werden. Nur Gebundene müssen freigelöst werden.

Voraussetzung:
> Das Opfer des Lebens Jesu am Kreuz.

Parallel:
> Markus 10,45

(83) Johannes 8,31–32

Wenn ihr bleiben werdet an meinem Wort, so seid ihr wahrhaftig meine Jünger und werdet die Wahrheit erkennen, und die Wahrheit wird euch frei machen.

Verheißung:
> „... und werdet die Wahrheit erkennen."
> „... die Wahrheit wird euch frei machen."

Erklärung:
> Das Erkennen der Wahrheit ist mehr als nur ein rein gedanklicher Vorgang, es ist ein Geschehen und ein Geschenk des Heiligen Geistes, das sich in der Lebensverbindung mit Jesus Christus ereignet.

Bedingung:
> Das Wort Gottes in sich aufnehmen, es ernst nehmen und danach handeln.

(84) Johannes 12,46

Ich bin in die Welt gekommen als ein Licht, damit, wer an mich glaubt, nicht in der Finsternis bleibe.

Verheißung:
> „... nicht in der Finsternis bleibe."

Erklärung:
> „Finsternis" ist ein Begriff, der alles Ungöttliche, Negative und Zerstörerische beinhaltet. Er hat auch personalen Charakter, denn Satan ist die Finsternis in Person.

Bedingung:
> Sich im Vertrauen Jesus Christus übereignen. Er befreit von Satan und satanischen Bindungen und verändert im Prozeß der Heiligung Ihr Leben.

(85) Römer 6,14

Denn die Sünde wird nicht herrschen können über euch, weil ihr ja nicht unter dem Gesetz seid, sondern unter der Gnade.

Verheißung:
> „... die Sünde wird nicht herrschen können über euch."

Bedingung:
Leben im Kraftfeld der Gnade. Der Mensch, der nach religiösen Gesetzen und Regeln lebt, muß diese religiösen Vorschriften aus seiner Kraft heraus erfüllen. Wer sich Jesus ganz hingegeben hat (Vers 13), darf jetzt mit der Kraft des Heiligen Geistes rechnen.

(86) 1. Korinther 8,8

Aber Speise wird uns nicht vor Gottes Gericht bringen. Essen wir nicht, so werden wir darum nicht weniger gelten, essen wir, so werden wir darum nicht besser sein.

Verheißung:
„Aber Speise wird uns nicht vor Gottes Gericht bringen."

Erklärung:
Der Apostel Paulus greift hier das heiße Thema des Götzenopferfleisches auf. Darf ein Christ, ohne sich genau zu erkundigen, einfach das auf dem Markt angebotene Fleisch kaufen? Könnte es nicht aus dem Götzentempel kommen? Die Antwort ist klar. Das Essen bringt nicht vor Gottes Gericht. Also kein ängstliches Herumhorchen und Fragen. Schon Jesus sagte: „Was zum Mund hineingeht, das macht den Menschen nicht unrein" (Matthäus 15,11).

(87) Galater 5,1

Zur Freiheit hat uns Christus befreit! So steht nun fest und laßt euch nicht wieder das Joch der Knechtschaft auflegen!

Verheißung:
„Zur Freiheit hat uns Christus befreit."

Aufforderung:
Der Christ muß auch im Blick auf seine Freiheit wachsam sein, daß er nicht wieder Knecht von menschlichen Verhaltensregeln und Vorschriften wird oder in dämonische Abhängigkeiten gerät. Es gibt auch, wie der Zusammenhang erkennen läßt, „fromme" bzw. „religiöse" Versklavungen.

Die zerrissene Rechnung

Die ältere Dame, die mich an diesem Nachmittag um ein Gespräch bat, war viele Jahre Nachrichtensprecherin beim SDR. Aber sie wollte mit mir nicht über ihre bewegte Vergangenheit plaudern, sondern sie hatte ein ernstes Problem: Sie konnte nicht glauben. Es war ihr, so ungefähr beschrieb sie das, als stünde eine Betonwand zwischen ihr und Gott. Sie fühlte sich wie in einem Gefängnis, von Dunkelheit und Kälte umgeben. Und nach dieser Situationsschilderung hörte ich folgende Geschichte:

Es geschah kurz nach dem Zweiten Weltkrieg. Sie lebte damals in Berlin, und ihre Eltern lebten in Süddeutschland. Sehr gerne hätte sie sie einmal besucht, aber die Grenzen standen trennend dazwischen. Damals war Deutschland noch in vier Zonen eingeteilt, in eine amerikanische, eine englische, eine französische und eine russische Zone. Ein Durchkommen war entweder unmöglich oder mit Gefahren verbunden. So ging sie eines Tages zu einer Wahrsagerin, um sich von ihr beraten zu lassen. Die Karten wurden gelegt, eine Glaskugel befragt. Das Medium warnte sie vor dieser Reise. Weil aber jene Frau nicht locker ließ, wurde ihr nach einer weiteren Konsultation erklärt, daß sie es, wenn auch mit ernsten Gefahren verbunden, schaffen würde. Die Wahrsagerin erklärte ihr, daß sie bei Nacht sich in der Nähe der Grenze aufhalten müsse. Sie würde dann einem alten Mann begegnen, dem sie sich wortlos anvertrauen solle. Er brächte sie sicher ans Ziel. Genau so erlebte sie es. Diese Erfahrung beeindruckte sie so sehr, daß sie daraufhin immer wieder einmal Hellseher oder Hellseherinnen aufsuchte, um sich von ihnen beraten zu lassen.

„Sie haben sich einer Macht ausgeliefert", sagte ich nach dieser Information, „die Sie eines Tages zur Kasse bitten wird. Die Rechnung ist schon geschrieben."

„Ich zahle ja bereits", antwortete die Frau. „Es ist die Dunkelheit und die Kälte, die mich umgibt. Es ist das Nicht-glauben-können. Ich möchte zu Jesus kommen, aber es geht nicht. Darum bat ich um dieses Gespräch. Gibt es für mich überhaupt noch Hilfe?"

Wir haben uns an diesem Nachmittag auf die Verheißung Jesu berufen: *„Wenn euch nun der Sohn frei macht, so seid ihr recht frei."*

Im Namen Jesu löste sich diese Frau von allen Besuchen und Beratungen der Wahrsager, und sie löste sich von allen Wahrsagegeistern, denen sie Anrechte an ihrem Leben gegeben hatte. Ein Mitarbeiter und ich sprachen sie danach im Auftrag Jesu von allen diesen okkulten Praktiken frei. Plötzlich öffnete sich für sie der Himmel. Sie konnte beten und Jesus Christus als Herrn und Erlöser annehmen. Jesus zerriß die „unheimliche Rechnung" und beschenkte diese gebundene Frau mit *„der herrlichen Freiheit der Kinder Gottes"* (Römer 8,21).

9. ... niemand wird sie aus meiner Hand reißen

„Mein Vater, der mir sie gegeben hat, ist größer als alles, und niemand kann sie aus des Vaters Hand reißen" (Johannes 10,29).

Ein eindrückliches Bild zeichnet Jesus mit dieser Verheißung: Zwei Hände, die uns tragen, die uns halten, die uns umgeben und schützen – es ist seine Hand und des Vaters Hand. Während ich diese Gedanken niederschreibe, sitze ich in einem Zimmer in der Schweiz, in dem ein Fotoposter hängt. Unter ihm stehen die Worte: „SARAH IN HER DAD'S HAND." Das Poster zeigt eine überdimensional große Hand, in der eine kleine Kinderhand liegt. Ein Bild der Geborgenheit. Eine Illustration für das, was Jesus in seiner Verheißung uns zusichert.
Eigentlich ist die Bibel voll von Bildern und Vergleichen, die von der Geborgenheit der Kinder Gottes sprechen. Da ist das wunderbare Psalmwort:
„Wer unter dem Schirm des Höchsten sitzt und unter dem Schatten des Allmächtigen bleibt, der spricht zu dem Herrn: Meine Zuversicht und meine Burg, mein Gott, auf den ich hoffe (Psalm 91,1.2).
Und dazu die ergänzende Parallelaussage, das Bekenntnis des Königs David:
„Von allen Seiten umgibst du mich und hältst deine Hand über mir. Diese Erkenntnis ist mir zu wunderbar und zu hoch, ich kann sie nicht begreifen" (Psalm 139,5–6).
Überhaupt spielt die Hand Gottes in der Bibel eine dominierende Rolle. Immer und immer wieder ist von ihr die Rede: Sie wird die helfende Hand genannt (Psalm 20,7) , die haltende Hand (Psalm 37,24), die starke Hand (Psalm 89,14), die schützende Hand (Psalm 89,22), die geöffnete Hand (104,28), die führende Hand (Psalm 139,10), die segnende Hand (Apostelgeschichte 11,21). Und das alles hat etwas mit Geborgenheit zu tun, ja geradezu mit Sicherheit.
Wer Jesus gehört, ist nicht mehr den Mächten des Schicksals ausgeliefert.
Wer Jesus gehört, braucht keine Angst mehr vor Teufel, Tod und Hölle zu haben.

Wer Jesus gehört, ist auch nicht mehr der Willkür der Menschen ausgesetzt.

Wer Jesus Christus gehört, der gehört ja dem Gott, dem „alle Macht im Himmel und auf der Erde gegeben ist" (Matthäus 28,18), und er gehört dem Gott, der „eingesetzt ist über alle Reiche, Gewalt, Macht, Herrschaft und alles, was sonst einen Namen hat, nicht allein in diesem Äon, sondern auch in dem zukünftigen" (Epheser 1,21). Das ist die einzigartige Lebensversicherung der Kinder Gottes. Die folgenden Verheißungen sprechen davon. Man könnte sie die „bunte Palette der Geborgenheit" nennen.

(88) Johannes 10,27–29

Meine Schafe hören meine Stimme, und ich kenne sie, und sie folgen mir; und ich gebe ihnen das ewige Leben, und sie werden nimmermehr umkommen, und niemand wird sie aus meiner Hand reißen. Mein Vater, der mir sie gegeben hat, ist größer als alles, und niemand kann sie aus des Vaters Hand reißen.

Verheißung:
>„. . . ich gebe ihnen das ewige Leben."
>„. . . sie werden nimmermehr umkommen."
>„. . . niemand wird sie aus meiner Hand reißen."
>„. . . niemand kann sie aus des Vaters Hand reißen."

Bedingung:
>Zu Jesus gehören und auf Jesus hören.

Erklärung:
>Es ist die stärkste Aussage der Bibel über die Heilsgewißheit und über die Zukunftsgewißheit, die ein Mensch haben kann: eine vierfache Absicherung des Heils.

(89) Johannes 16,33

Das habe ich mit euch geredet, damit ihr in mir Frieden habt. In der Welt habt ihr Angst; aber seid getrost, ich habe die Welt überwunden.

Verheißung:
>„. . . damit ihr in mir Frieden habt."

Erklärung:
Angst ist ein Symptom der Ungeborgenheit. Frieden und Geborgenheit gehören immer zusammen.

Bedingung:
Ein Nachfolger Jesu sein, in Gemeinschaft mit Jesus leben (beachten Sie die Aussage Jesu „in mir").

(90) Römer 8,38.39

Ich bin gewiß, daß weder Tod noch Leben, weder Engel noch Mächte noch Gewalten, weder Gegenwärtiges noch Zukünftiges, weder Hohes noch Tiefes noch eine andere Kreatur uns scheiden kann von der Liebe Gottes, die in Christus Jesus ist, unserm Herrn.

Verheißung:
„. . . (nichts) uns scheiden kann von der Liebe Gottes."

Bedingung:
Zu Jesus Christus gehören („uns").

(91) 1. Korinther 1,8

Der wird euch auch fest erhalten bis ans Ende, daß ihr untadelig seid am Tag unseres Herrn Jesus Christus.

Verheißung:
„Der (Jesus Christus) wird euch auch fest erhalten bis ans Ende."

Bedingung:
Wird hier nicht genannt, nur daß der Brief an die Christen in Korinth gerichtet ist, also an Menschen, die sich zu Jesus bekehrt haben.

(92) 2. Timotheus 2,13

Sind wir untreu, so bleibt er doch treu; denn er kann sich selbst nicht verleugnen.

Verheißung:
„. . . so bleibt er doch treu."

Erklärung:
Jesus Christus nimmt sein JA-Wort, das er denen gegeben hat, die sich ihm anvertraut haben, nicht zurück, wenn sie einmal untreu werden. Er hält trotzdem zu ihnen. Er wirbt weiter um sie.

(93) 1. Petrus 1,5

... die ihr aus Gottes Macht durch den Glauben bewahrt werdet zur Seligkeit, die bereit ist, daß sie offenbar werde zu der letzten Zeit.

Verheißung:
„... die ihr aus Gottes Macht ... bewahrt werdet zur Seligkeit (Rettung)."

Bedingung:
„Durch den Glauben"; eine notwendige Voraussetzung ist also unser Vertrauen, das Dranbleiben an Jesus.

(94) Offenbarung 3,10

Weil du mein Wort von der Geduld bewahrt hast, will auch ich dich bewahren vor der Stunde der Versuchung, die kommen wird über den ganzen Weltkreis.

Verheißung:
„... will auch ich dich bewahren vor der Stunde der Versuchung."

Bedingung:
Am Wort Gottes in vertrauender Geduld festhalten.

Umgeben von den Händen Gottes

Es war in der Zeit, in der die Schulen für Evangelisten weit geöffnet waren. Man konnte in allen Klassen Religionsunterricht übernehmen. Damals wurde ich in einer Hauptschule zu den 15jährigen eingeladen. Mit großer Freiheit berichtete ich über das Leben mit Jesus Christus.
Christsein sei die spannendste Sache der Welt, weil Jesus Christus lebt und mit denen unterwegs ist, die ihm voll vertrauen, sagte ich.

Die Schüler gingen mit, aber der Religionslehrer hängte ab. Er war offenbar nicht einverstanden mit dem, was ich erzählte. Es war nur eine Frage der Zeit, bis er eingriff, das war deutlich zu sehen. Und so kam es auch. Er meldete sich zu Wort. Ich würde zu sicher über das Christsein sprechen. So könne man das doch nicht ausdrücken: „Ich lebe mit Christus." Er jedenfalls könne nicht von sich sagen, daß er Christ sei. Er sei unterwegs, Christ zu werden. Und überhaupt sei die Sache mit Gott eben eine unsichere Sache, eine Glaubenssache. Die Situation war kritisch. Was sollte ich tun? Abstriche vom Christsein wollte ich nicht machen. Aber ich wollte auch vor den Schülern dem Lehrer nicht widersprechen. Da kam mir der rettende Gedanke: Johannes 10,28.29, das Wort von den beiden Händen. Ich griff zur Kreide und ging an die Tafel. Und während ich dieses Wort Jesu zitierte und erklärte, zeichnete ich eine große Hand und in diese Hand ein kleines lächelndes Strichmännchen:

„Das soll die Hand des Sohnes Gottes sein, aus der uns nichts reißen kann. Und dieses kleine Strichmännchen bin ich."
Über diese Hand zeichnete ich eine zweite Hand. Erklärend fügte ich hinzu:
„Und das ist die Hand des Vaters. Eine Hand trägt mich, und eine Hand bedeckt und schützt mich. So empfinde ich mein Christsein. Das ist meine Sicherheit. Sie ist nicht in mir begründet. Ich hänge nicht krampfhaft an der Hand Gottes, sondern bin von den Händen Gottes umgeben und werde von ihnen getragen und gehalten."
Das Bild kam an. Auch der Religionslehrer nickte mit dem Kopf, und die Schüler hörten weiter zu und sie begriffen, daß Geborgenheit eines der wesentlichen Kennzeichen des Christseins ist.

10. ... werdet ihr nicht straucheln

„... bemüht euch desto mehr, eure Berufung und Erwählung festzumachen. Denn wenn ihr dies tut, werdet ihr nicht straucheln" (2. Petrus 1,10).

Der Begriff „straucheln" kommt im Neuen Testament nur viermal vor (Römer 11,11/Jakobus 2,10; 3,2/2. Petrus 1,10). Er kann auch mit „sündigen", „sich verfehlen", „anstoßen" oder „fallen" übersetzt werden.

Eines der markantesten neutestamentlichen Beispiele für „straucheln" ist der Bericht über die Verleugnung des Petrus (Markus 14,26–72). Was zu diesem „straucheln" führte, wird hier anschaulich erklärt.

1. Petrus ist selbstsicher (Vers 29+31). Nicht umsonst sagt Gottes Wort:

„Wer meint, er stehe, mag zusehen, daß er nicht falle" (1. Korinther 10,12).

2. Petrus kritisiert das Wort Jesu (Vers 31). Beachten Sie dazu Hebräer 2,1:

„Darum sollen wir desto mehr achten auf das Wort, das wir hören, damit wir nicht am Ziel vorbeitreiben."

3. Petrus stellte sich nicht offen auf die Seite Jesu, sondern folgte ihm nur *„von fern nach"* (Vers 54).

4. Petrus setzt sich zu denen, die gegen Jesus sind (Vers 54). Psalm 1 zeigt klare Linien für das Christsein auf:

„Wohl dem, der nicht wandelt im Rat der Gottlosen noch tritt auf den Weg der Sünder noch sitzt, wo die Spötter sitzen" (Vers 1).

5. Petrus wagt es nicht, sich zu Jesus zu bekennen (Verse 67–71). Aber gerade dieser Bericht zeigt auch, daß Menschen, die „straucheln", nicht verloren sind. Es gibt ein Zurück durch erkennen und bekennen des Versagens (Vers 72).

Es gibt keinen Christen, der noch nie strauchelte. Auch Christen haben schwache Stellen, an denen sie verwundbar sind und an denen sie zu Fall kommen können. Bei Petrus war es die Selbstsicherheit. Vielleicht ist es bei Ihnen das Hängen an Geld und Besitz, oder die Menschenfurcht, oder die Sexualität. An solchen verwundbaren Stellen können wir fallen und auch andere zu Fall bringen. Aber die in diesem Kapitel angeführten Verheißungen zeigen, daß Jesus Christus uns davor bewahren kann und bewahren will. Allerdings sind die den Verheißungen zugeordneten Bedingungen die Voraussetzung für ein Leben im Sieg.

(95) 2. Petrus 1,10

Darum, liebe Brüder, bemüht euch desto mehr, eure Berufung und Erwählung festzumachen. Denn wenn ihr dies tut, werdet ihr nicht straucheln.

Verheißung:
> „. . . werdet ihr nicht straucheln."

Bedingung:
> Die göttliche Berufung und Erwählung festigen durch ein klares geistliches Leben, durch täglich neue Hingabe an Jesus und die Bereitschaft, ihm zu dienen.

(96) 1. Johannesbrief 2,10

Wer seinen Bruder (seine Schwester) liebt, der bleibt im Licht, und durch ihn kommt niemand zu Fall.

Verheißung:
> „. . . der bleibt im Licht, und durch ihn kommt niemand zu Fall."

Bedingung:
> Die Kinder Gottes lieben, und zwar mit der vergebenden, tragenden, heilenden und reinen Liebe Gottes, mit der Agape.

(97) 1. Johannesbrief 5,18

Wir wissen, daß, wer von Gott geboren ist, der sündigt nicht, sondern wer von Gott geboren ist, den bewahrt er, und der Böse tastet ihn nicht an.

Verheißung:
> „. . . den bewahrt er (Gott), und der Böse tastet ihn nicht an."

Bedingung:
Von Gott geboren sein, wiedergeboren sein.

Erklärung:
Diese absolute Aussage „der sündigt nicht" meint hier nicht Sünde als Verfehlungen gegen die Gebote Gottes, sondern als Abfall von Gott, als Sünde gegen den Heiligen Geist oder „Sünde zum Tode", wie sie im 1. Johannesbrief 5,16 genannt wird.

(98) Hebräer 13,9

Laßt euch nicht durch mancherlei und fremde Lehren umtreiben, denn es ist ein köstlich Ding, daß das Herz fest werde, welches geschieht durch Gnade.

Verheißung:
„. . ., daß das Herz fest werde."

Bedingung:
Sich nicht durch fremde, biblisch nicht belegbare Lehren hin- und herreißen lassen, sondern Gottes Gnade im Leben Raum geben.

Das schaffen wir schon

Das Ehepaar im mittleren Alter, von dem ich hier berichten möchte, traf an einer Evangelisation eine Entscheidung für Christus. Sie waren beide Alkoholiker. An diesem Abend sagten sie sich in einem Seelsorgegespräch davon los und waren bereit, alles, was zu Hause noch an Alkohol vorhanden war, zu vernichten. Zwei Seelsorger begleiteten sie nach Hause und räumten dort gründlich auf. Auch die letzte angerissene Flasche Wein wurde in den Ausguß geleert. Im Anschluß an diese Säuberungsaktion sangen sie noch einige Glaubenslieder und beteten miteinander.

Das Ehepaar kam regelmäßig in unsere Gottesdienste, und man spürte ihnen die Freude an der Befreiung an. Sie hatten Jesus angenommen, und er führte sie einen neuen Weg.

Wochen nach diesem Ereignis besuchte ich sie. Wir sprachen noch einmal über die Vergangenheit, und ich ermutigte sie, in allem ihr Vertrauen allein auf Jesus Christus zu setzen. Ich machte sie auch darauf aufmerksam, daß die Schwächen des alten Lebens immer wieder ein Angriffspunkt des Feindes und der menschlichen Versuchungen sind. Der Mann unterbrach mich und sagte: „Das schaffen wir schon. Da brauchen Sie keine Bedenken zu haben. Die Sache mit dem Alkohol ist ein für allemal erledigt." Das klang sehr sicher, geradezu selbstsicher, und in mir leuchtete ein Rotlicht auf. Aber vergeblich versuchte ich, ihnen klarzulegen, daß Jesus allein sie bewahren kann. Nicht lange nach dieser Unterredung kamen sie immer seltener in die Gottesdienste. Und dann mußte ich bei einem Besuch entdecken, daß sie wieder Alkohol zu Hause hatten. Eine Zeitlang versuchten sie ihren Zustand noch fromm zu tarnen, aber um so erschütternder war die Wirklichkeit. Alle seelsorgerlichen Bemühungen schlugen fehl. Mehr und mehr versperrten sie sich auch dem Glauben gegenüber. Beide starben auf eine entsetzliche Weise. Sie hatten es versäumt, ihre „Berufung und Erwählung festzumachen", wie die Bibel es sagt.

11. . . . ich bin bei euch alle Tage

„Und siehe, ich bin bei euch alle Tage bis an der Welt Ende"
(Matthäus 28,20).

Der französische Philosoph und Schriftsteller Jean-Paul Sartre prägte den Begriff vom „sinnlosen Ansichsein". Dieser Begriff kennzeichnet die größte Not des Menschen. Sie ist eine Folge des Sündenfalls, eine Folge der Trennung des Menschen von Gott. Wer Gott verliert, verliert mit ihm den Sinn seines Daseins. Darum ist das größte Angebot Gottes für den Menschen: Gemeinschaft mit Gott durch Jesus Christus. Diese Gemeinschaft befreit von diesem „sinnlosen Ansichsein" und führt zu einem neuen Sinn, zum Christsein.
Die Gemeinschaft mit Gott kann durch nichts im Leben ersetzt werden, weder durch Religion noch durch Mitmenschlichkeit. Sie kann weder ersetzt werden durch Vergötterung des Menschen noch durch Vergötterung menschlichen Tuns und Denkens.
„Gott kennen ist Leben" hat Tolstoi gesagt. „Kennen" ist mehr als ein „Wissen um". Kennen ist „Leben mit". „Kennen" ist Lieben. Und genau das bietet uns Jesus Christus in den folgenden Verheißungen in immer wieder neuen Variationen und Vergleichen an.
Am Ende der Bergpredigt spricht Jesus von Menschen, die religiös unglaublich aktiv waren. Sie waren Macher, Manager der Kirche, scheinbar brauchbares Bodenpersonal Gottes. Um so erschütternder ist das Urteil, das Jesus fällt. Er nennt sie *„Übeltäter"* und sagt: *„Weicht von mir"* (Matthäus 7,21–23). Immer wieder wird die Frage gestellt, warum Jesus Christus ein so hartes Urteil fällte. Die Antwort finden Sie im 23. Vers. Jesus sagte: „Ich habe euch nie *erkannt"*, so die Übersetzung aus dem Grundtext in Übereinstimmung mit dem Kontext. „Erkennen" bezeichnet die tiefste Gemeinschaft der Liebe. Jesus weist diese Menschen von sich, weil er mit ihnen diese Gemeinschaft der Liebe nicht haben konnte. Sie waren sich selbst genug, und sie gingen auf in christlichen Aktionen. Jesus war für sie nur das Mittel zum Zweck. Sie führten seinen Namen im Mund, aber

sie liebten ihn nicht. Hören Sie im Gegensatz dazu ein Wort aus dem Mund des Apostels Paulus:

„Was mir Gewinn war (seine religiöse Einstellung), das habe ich um Christi willen für Schaden erachtet. Ja, ich erachte es noch alles für Schaden gegenüber der überschwenglichen Erkenntnis Christi Jesu, *meines Herrn. Um seinetwillen ist mir das alles ein Schaden geworden, und ich erachte es für Dreck, damit ich Christus gewinne und in ihm gefunden werde . . . Ihn möchte ich* erkennen . . ." (Philipper 3,7–10).

Spüren Sie aus diesen Sätzen die Leidenschaft der Liebe? Paulus geht es um Jesus, um Gemeinschaft mit ihm, um eine tiefe Beziehung zu ihm. Er möchte Jesus *„gewinnen"*. In Jesus möchte er *„gefunden"* werden. Jesus möchte er *„erkennen"*.

Jesus Christus möchte uns *„erkennen"*, und wir sollen die Sehnsucht in uns tragen, *IHN* zu *„erkennen"*. Gottes Heiliger Geist befähigt uns dazu.

Die Gemeinschaft mit Jesus Christus ist dabei keine einseitige Angelegenheit. Wir sind keine Marionetten, sondern Persönlichkeiten. Wir können antworten. Wir können seine Liebe erwidern. In Offenbarung 3,20 wird das klassisch beschrieben. Jesus Christus, der auferstandene und verherrlichte Sohn Gottes, sagt:

*„Siehe, ich stehe vor der Tür und klopfe an. Wenn jemand meine Stimme hören wird und die Tür auftun, zu dem werde ich hineingehen und das Abendmahl **mit ihm halten und er mit mir.**"*

Der fettgedruckte Text zeigt, worauf es in diesem Zusammenhang ankommt. Die tiefe Gemeinschaft, die hier im Bild des Abendmahls gezeichnet wird, ist keine einseitige Gemeinschaft. Es ist nicht nur Jesus, der das Abendmahl mit mir hält, der mir Brot und Wein reicht, sondern auch ich bin daran beteiligt. Ich reiche, nachdem er mich mit Brot und Wein beschenkt hat, jetzt auch ihm Brot und Wein. Sie verstehen: Es ist hier nicht die kirchliche Handlung des Abendmahls angesprochen, sondern dieser Text zeichnet eine geistliche Handlung, eine Grundeinstellung und eine Grunderfahrung des gesamten Lebens. Ein Mensch nimmt Jesus Christus in sein Leben auf, wird von ihm beschenkt und schenkt sich ihm.

Nach dieser Gemeinschaft der Liebe sehnt sich der Vater und der Sohn und der Heilige Geist. Davon sprechen die folgenden Verheißungen.

(99) Johannes 8,12

Ich bin das Licht der Welt. Wer mir nachfolgt, der wird nicht wandeln in der Finsternis, sondern wird das Licht des Lebens haben.

Verheißung:
> „. . . der wird nicht wandeln in der Finsternis."

Erklärung:
> Finsternis ist zuerst ein Bildbegriff für Satan (Apostelgeschichte 26,18/Kolosser 1,13) und dann auch eine Bezeichnung für alles, was Satan und die Finsternismächte bewirken (Angst, Unruhe, Haß . . .).

Verheißung:
> „. . . sondern wird das Licht des Lebens haben."

Erklärung:
> Das „Licht des Lebens" ist Jesus Christus. Dieses Licht haben ist eine wunderbare Aussage für die tiefe Gemeinschaft, die ein Christ mit Jesus Christus hat.

Bedingung:
> Jesus Christus nachfolgen. Die Nachfolge beginnt mit einer klaren Entscheidung für Christus.

(100) Johannes 10,4

Und wenn er (Jesus) alle seine Schafe hinausgelassen hat, geht er vor ihnen her, und die Schafe folgen ihm nach; denn sie kennen seine Stimme.

Verheißung:
> „. . . geht er vor ihnen her."

Bedingung:
> Zu den Nachfolgern Jesu gehören und offen sein für die Stimme des „guten Hirten".

(101) Johannes 14,7

Wenn ihr mich (Jesus) erkannt habt, so werdet ihr auch meinen Vater erkennen.

Verheißung:
  „. . . so werdet ihr auch meinen Vater erkennen."

Erklärung:
  Beachten Sie dabei die Erklärung zu dem Begriff „erkennen" im Einleitungstext.

Bedingung:
  Eine innige Beziehung zu Jesus Christus haben.

(102) Johannes 14,18.19

Ich will euch nicht als Waisen zurücklassen; ich komme zu euch. Es ist noch eine kleine Zeit, dann wird mich die Welt nicht mehr sehen. Ihr aber sollt mich sehen, denn ich lebe, und ihr sollt auch leben.

Verheißung:
  „. . . ich komme zu euch."
  „. . . ihr aber sollt mich sehen."
  „. . . ihr sollt auch leben."

Erklärung:
  Diese drei Verheißungen sprechen von der neuen inneren Beziehung, die die Kinder Gottes durch die Wiedergeburt mit Jesus Christus haben. Es ist ein inneres Sehen Jesu mit den Augen des Herzens, ein neues Leben durch den heiligen Geist, der die neue Beziehung zu Jesus Christus schenkt.

(103) Johannes 14,21

Wer meine Gebote hat und hält sie, der ist's, der mich liebt. Wer mich aber liebt, der wird von meinem Vater geliebt werden, und ich werde ihn lieben und mich ihm offenbaren.

Verheißung:
  „. . . der wird von meinem Vater geliebt werden."
  „. . . ich werde ihn lieben."
  „. . . ich werde mich ihm offenbaren."

Erklärung:
  Auch in diesen drei Verheißungen kommt die wunderbare persönliche Beziehung zu Gott zur Sprache.

Bedingung:
Die Gebote Jesu, sein Wort also, in sich aufnehmen und es tun.

(104) Johannes 14,23

Wer mich liebt, der wird mein Wort halten; und mein Vater wird ihn lieben, und wir werden zu ihm kommen und Wohnung bei ihm nehmen.

Verheißung:
„... mein Vater wird ihn lieben."
„... wir (Vater und Sohn) werden zu ihm kommen und Wohnung bei ihm nehmen."

Bedingung:
Siehe Johannes 14,21

(105) 1. Korinther 6,17

Wer aber dem Herrn anhängt, der ist ein Geist mit ihm.

Verheißung:
„... der ist ein Geist mit ihm."

Bedingung:
Jesus Christus „anhängen", also zu ihm gehören durch Lebenshingabe an ihn.

(106) 2. Korinther 9,7

Einen fröhlichen Geber hat Gott lieb.

Verheißung:
„... hat Gott lieb."

Bedingung:
Fröhlich und von ganzem Herzen geben.

(107) 2. Korinther 13,11

Zuletzt, liebe Brüder, freut euch, laßt euch zurechtbringen, laßt euch mahnen, habt einerlei Sinn, haltet Frieden! So wird der Gott der Liebe und des Friedens mit euch sein.

Verheißung:
"So wird der Gott der Liebe und des Friedens mit euch sein."

Bedingung:
Beachten Sie die in Vers 11 angegebenen fünf Aufforderungen.

(108) Epheser 2,18

Denn durch ihn (Jesus Christus) haben wir alle beide (Juden und Heiden) in einem Geist den Zugang zum Vater.

Verheißung:
"... haben wir den Zugang zum Vater."

Bedingung:
Zu Jesus Christus kommen, weil wir nur "durch ihn" diesen Zugang zur Gemeinschaft mit dem Vater haben.

(109) Epheser 2,22

Durch ihn (Jesus Christus) werdet auch ihr miterbaut zu einer Wohnung Gottes im Geist.

Verheißung:
"... werdet auch ihr miterbaut zu einer Wohnung Gottes im Geist."

Voraussetzung:
"Durch Jesus Christus", nur er ist der "Mittler", der uns diese Gemeinschaft mit dem Vater vermitteln kann.

(110) Philipper 4,9

Was ihr gelernt und empfangen und gehört und gesehen habt an mir, das tut; so wird der Gott des Friedens mit euch sein.

Verheißung:
"... so wird der Gott des Friedens mit euch sein."

Bedingung:
Im Gehorsam erkannte Wahrheiten der Bibel in die Tat umsetzen.

(111) 1. Thessalonicher 5,10

... der für uns gestorben ist, damit, ob wir wachen oder schlafen, wir zugleich mit ihm leben.

Verheißung:
„... ob wir wachen oder schlafen, wir zugleich mit ihm leben."

Erklärung:
„Wachen oder schlafen" sind hier Begriffe, die für „noch auf der Erde leben" oder „gestorben sein" stehen. In beiden Dimensionen verspricht uns Gottes Wort die Gemeinschaft mit Jesus Christus.

(112) 1. Johannesbrief 2,24

Wenn in euch bleibt, was ihr von Anfang an gehört habt, so werdet ihr auch im Sohn und im Vater bleiben.

Verheißung:
„... so werdet ihr auch im Sohn und im Vater bleiben."

Bedingung:
Die Botschaft, durch die Sie zu einem Kind Gottes geworden sind, die Ihnen den Raum zur Vergebung und zu einem neuen Leben geöffnet hat, durch die Sie zum erstenmal die wunderbare Gegenwart und Gemeinschaft mit Gott erlebt haben, diese Botschaft nicht verlassen und sich nicht irgendwelchen Lehren öffnen, die Sie von den fundamentalen Wahrheiten wegführen.

(113) 1. Johannesbrief 3,24

Und wer seine Gebote hält, der bleibt in Gott und Gott in ihm. Und daran erkennen wir, daß er in uns bleibt: an dem Geist, den er uns gegeben hat.

Verheißung:
„... der bleibt in Gott und Gott in ihm."

Bedingung:
Die Gebote halten. Dabei geht es nicht um die zehn Gebote, es ist also kein Rückfall ins Gesetz und in Gesetzlich-

keit. Die Erklärung finden wir in Vers 23: „Und das ist sein Gebot, daß wir glauben an den Namen seines Sohnes Jesus Christus und lieben uns untereinander."

(114) 1. Johannesbrief 4,12

Wenn wir uns untereinander lieben, so bleibt Gott in uns, und seine Liebe ist in uns vollkommen.

Verheißung:
„... so bleibt Gott in uns, und seine Liebe ist in uns vollkommen."

Bedingung:
Liebe zu den Brüdern und Schwestern.

(115) 1. Johannesbrief 4,15

Wer nun bekennt, daß Jesus Gottes Sohn ist, in dem bleibt Gott und er in Gott.

Verheißung:
„... in dem bleibt Gott und er in Gott."

Bedingung:
Bekennen, daß Jesus Christus der Sohn Gottes ist.

Erklärung:
Dabei geht es nicht nur um ein Bekennen mit den Lippen, sondern um ein Bekennen mit dem ganzen Leben.

(116) Hebräer 13,5

Seid nicht geldgierig, und laßt euch genügen an dem, was da ist. Denn der Herr hat gesagt (Josua 1,5): „Ich will dich nicht verlassen und nicht von dir weichen."

Verheißung:
„Ich will dich nicht verlassen und nicht von dir weichen."

Erklärung:
Der Verfasser des Hebräerbriefes nimmt eine Verheißung, die Gott Josua gegeben hat, und überträgt sie auf alle Gläubigen. Aus dem Kontext wird deutlich, daß die

Gegenwart Gottes zugleich die Garantie dafür ist, daß wir das, was wir benötigen – Versorgung (Vers 5) und Schutz (Vers 6) –, erhalten.

(117) Jakobus 4,8

Naht euch zu Gott, so naht er sich zu euch.

Verheißung:
  „. . . so naht er (Gott) sich zu euch."

Bedingung:
  Gott nahe kommen. Es kann praktisch durch Gebet geschehen, durch Bibelstudium, aber auch durch das innere Verlangen nach ihm, durch die Bereitschaft, seinen Willen zu tun.

(118) Offenbarung 3,20

Siehe, ich stehe vor der Tür und klopfe an. Wenn jemand meine Stimme hören wird und die Tür auftun, zu dem werde ich hineingehen und das Abendmahl mit ihm halten und er mit mir.

Verheißung:
  „. . . zu dem werde ich hineingehen und das Abendmahl mit ihm halten . . ."

Erklärung:
  Das Abendmahl ist hier ein Bild für die innigste Gemeinschaft. Beachten Sie das Wort Jesu an seine Jünger: „Mich hat herzlich verlangt, dies Passalamm mit euch zu essen."

Bedingung:
  Jesus Christus die Tür zu unserem Leben öffnen, ihn aufnehmen, daß er die Mitte des Lebens sein kann.

Er konnte es nicht beschreiben

Er lehnte am Fenster einer Schenke. Ich schätzte ihn auf 17. Alles an ihm war schmutzig und zerrissen. Der Ausdruck seines Gesichts war nichtssagend, oder vielsagend – er war cool, gespielte Härte. Ich beobachtete ihn, während ich predigte. Der Freigottesdienst auf der Reeperbahn schien ihn absolut kalt zu lassen. Er würdigte uns keines Blickes.

„Den sprichst du an", sagte ich zu mir. „Gleich nach der Ansprache gehst du zu ihm."
Und dann stand ich wenige Minuten später ihm gegenüber und reichte ihm die Hand. Aber er dachte gar nicht daran, seine Hände in Bewegung zu setzen. Der Typ verzog keine Miene. Ich kam mir zuerst vor, als würde ich gar nicht existieren, und für ihn existierte ich offenbar auch nicht. Aber in solchen Fällen habe ich eine wirkungsvolle „Waffe": Gebet und Freundlichkeit. Ich lächelte ihn an, so als wären wir alte Freunde. Und dann geschah es auch diesmal: Langsam zog er seine Hand hinter dem Rücken hervor und reichte sie mir.
„Kommst du mit in die Coffee-Bar?" fragte ich.
„Was is'n das?" fragte er.
„Das kann ich dir schlecht erklären. Das mußt du erleben. Es gibt Kaffee und Kekse, Musik, Gespräche."
Ich brauchte nicht viel mehr zu sagen. Er setzte sich schon in Bewegung.
In der Talstraße 13 war alles bis auf den letzten Platz besetzt. Wir hatten noch zwei leere Stühle in einer Ecke entdeckt und saßen uns gegenüber. Kerzen brannten. Kaffee wurde eingeschenkt. Und während er einen Keks nach dem andern verzehrte, erzählte ich ihm, was mir Jesus Christus bedeutet. Er hörte zu, und das war an sich schon ein Wunder. Aber das ganze wurde noch spannender, denn auch er begann zu erzählen. Er berichtete aus seinem Leben. Es spielte sich von Kindheit an im St.-Pauli-Milieu ab, und es war gekennzeichnet von Vorstrafen, zu Schrott gefahrenen Autos, von Sex und Sinnlosigkeit. Nein, das war nicht nur ein Erzählen, es war mehr, es war beinah eine Lebensbeichte, ernst und offen. Bevor Scheinwerfer die Bühne beleuchteten und ich ans Mikrofon gerufen wurde, konnte ich ihm noch erklären, daß Jesus Christus Sünde vergibt und daß er alles durch seine Liebe verändern kann. An diesem Abend predigte ich nur für diesen jungen Mann, dessen Leben mich so stark bewegte. Und da geschah das Wunder: Er meldete sich beim Aufruf zur Entscheidung für Jesus.
Kurze Zeit danach saßen wir uns im Seelsorgeraum gegenüber. Er war sichtlich ergriffen. Gottes Liebe hatte ihn schon berührt. Ich erklärte ihm noch, daß Leben mit Jesus Hingabe bedeutet – und das wollte er. Danach betete ich für ihn und bat ihn, ebenfalls zu Jesus Christus zu beten. Ich erinnere mich noch gut

daran, wie ich nach den wenigen Sätzen, die er sprach, auf das Amen wartete. Ich hatte die Augen geschlossen, und plötzlich spürte ich, wie sich seine Hände auf meine Hände legten. Ich öffnete meine Augen und blickte ihn an. Und was ich sah, kann ich nur so beschreiben: Ein Staunen lag in seinen Augen. Ich spürte ihm ab, daß er etwas erlebt hatte und erlebte, das er nicht beschreiben konnte. Kein Wort kam über seine Lippen, aber die Atmosphäre war von Gottes Liebe erfüllt. Was konnte es anderes sein als das, was Jesus versprochen hat: *„Wir (der Vater und Jesus) werden zu ihm kommen und Wohnung bei ihm machen"* (Johannes 14,23). Und das ist der Anfang einer wunderbaren Gemeinschaft mit Gott.

Verheißungsgruppe 3:

Vom erfüllten Leben mit Gott

12. ... damit sie das Leben und volle Genüge haben

„Ich bin gekommen, damit sie das Leben und volle Genüge haben sollen" (Johannes 10,10)

Es geht im Christsein um Leben, und zwar um erfülltes Leben, das hat Jesus Christus für alle Zeiten festgelegt. Weniger als erfülltes Leben ist unter dem von Gott gewollten Niveau, und mehr als erfülltes Leben kann es nicht geben. Das muß deutlich und eindeutig gesagt werden, weil bei vielen noch immer die Vorstellung kursiert, als sei das Leben mit Gott mehr ein Überleben als ein erfülltes Leben.

Ein Beispiel soll die allgemeine Vorstellung vom Christsein charakterisieren: Ein von einer Lawine Verschütteter konnte gerettet werden. Aber nun ist er an den Rollstuhl gefesselt und auf Sozialhilfe angewiesen. Wirklich kein erstrebenswerter Zustand.

Ähnlich stellt man sich das Leben mit Gott vor: Da ist ein Mensch von irgend etwas gerettet, aber nun ist er abhängig wie ein Behinderter von Gottes Gnade und von Gottes Erbarmen, und er muß sich in Zukunft an einengende Gebote und Vorschriften halten. Begeistertes Leben, kreatives Leben, Leben mit Kraft und Schwung paßt nicht in das gängige Bild vom Christsein.

Hören Sie auf die vollständige Aussage, die Jesus zum Thema Leben machte:

„Der Dieb kommt nur um zu stehlen, zu schlachten und umzubringen. Ich bin gekommen, daß sie das Leben und volle Genüge haben sollen."

Offenbar vergleicht hier Jesus Christus Satan mit einem Dieb. Satan hat einen schrecklichen Plan für die Menschen. Er will einengen und zerstören. Wer in seine Abhängigkeit gerät, wird beraubt, ihm wird das Wertvollste entrissen, er wird „ausgenommen" und am Ende umgebracht. Der Mensch ohne Gott also ist arm dran, das ist die Wahrheit.

Das mußten die beiden ersten Menschen, Adam und Eva, schmerzlich erleben. Satan versprach ihnen „das Blaue vom Himmel", aber als sie zugriffen, kam alles völlig anders. Die Bibel berichtet: *„Und sie erkannten, daß sie nackt waren"*. Wie Gott sollten sie dastehen, so hatte der Teufel es ihnen versprochen, aber das Ende von diesem „verführerischen Lied" war „nackte Pleite". Das ist das Leben, das Satan anbietet. Jesus Christus aber, der Sohn Gottes, kam auf die Erde, um dem Menschen das erfüllteste Leben zu schenken, das es gibt. Sie können auch an dieser Stelle von „Zurückschenken" sprechen. Was der Mensch durch den Sündenfall verloren hat, wird ihm durch die Lebenshingabe an Jesus zurückgegeben.

Damit bei dieser zentralen biblischen Aussage keine falschen Vorstellungen aufkommen, muß ich das näher erklären. Dieses Leben (Grundtext „zoe"), von dem Jesus spricht, hat nichts mit dem Wohlstandsevangelium einer bestimmten amerikanischen Prägung zu tun. „Leben im Überfluß", wie es Jesus nennt, heißt nicht „Leben in Saus und Braus", Karriere, rundum Gesundheit und Anerkennung. Wenn das der Fall wäre, dann hätte der Apostel Paulus eine empfindliche Schräglage gehabt, und Jesus selbst hätte etwas versprochen, was er mit seinem Leben nicht abdecken konnte. Beachten Sie zur Deutung dieses Lebens einen biblischen Text aus dem Epheserbrief:

„Gelobt sei Gott, der Vater unseres Herrn Jesus Christus, der uns gesegnet hat mit allem geistlichen Segen im Himmel durch Christus" (Kapitel 1,3).

Hier ist zwar von *„allem* geistlichen Segen" die Rede, aber, und das muß beachtet werden, es ist vom *„geistlichen Segen"* die Rede. Geistlicher Segen aber ist kein materieller Segen. Himmlischer Segen ist kein irdischer Segen. Jeder Christ ist mit allen geistlichen Segnungen gesegnet, aber nicht jeder Christ ist mit allen irdischen Segnungen gesegnet.

Was geistliche Segnungen sind, können Sie im 1. Kapitel des Epheserbriefes nachlesen. Es sind Segnungen, die den inneren Menschen betreffen, es sind Segnungen, die innerlich gesund machen, die innerlich reich machen, die innerlich stark machen, die innerlich erfüllen. Und das ist das tragfähige Fundament des Lebens, eines Lebens, das wirklich erfülltes Leben ist.

(119) Matthäus 13,12

Denn wer da hat, dem wird gegeben, daß er die Fülle habe.

Verheißung:
> „. . . daß er die Fülle habe"

Erklärung:
> Der Textzusammenhang zeigt, daß es dabei um Einsicht, um geistliches Verständnis geht, denn Jesus sprach in seinen Gleichnissen über geistliche Wahrheiten.

Bedingung:
> Jünger sein, Schüler sein, mit Jesus leben – also offen sein für seine Reden. Heute können wir vom ständigen Umgang mit der Bibel sprechen.

(120) Matthäus 5,6

Selig sind, die da hungert und dürstet nach der Gerechtigkeit; denn sie sollen satt werden.

Verheißung:
> „. . . sie sollen satt werden"

Bedingung:
> Hungern und dürsten nach der Gerechtigkeit.

Erklärung:
> Hunger und Durst sind Bilder für das tiefe Verlangen des Herzens, für Sehnsucht (Johannes 4,34).

Parallel:
> Lukas 6,21

(121) Matthäus 10,39

Wer sein Leben verliert um meinetwillen, der wird's finden.

Verheißung:
> „. . . der wird's finden"

Erklärung:
> Gemeint ist das Leben aus Gott, das ZOE, das echte, erfüllte und unvergängliche Leben.

Bedingung:
Das Eigenleben, eigene Pläne, Selbstverwirklichung, aufgeben. Die völlige Hingabe an Jesus ist gemeint.
Parallel:
Matthäus 16,25 / Lukas 17,33 / Johannes 12,25

(122) Johannes 4,10

Wenn du erkenntest die Gabe Gottes und wer der ist, der zu dir sagt: Gib mir zu trinken!, du bätest ihn, und er gäbe dir lebendiges Wasser.

Verheißung:
„. . . er gäbe dir lebendiges Wasser"

Erklärung:
Wasser ist ein biblisches Bild von Leben und Lebensfülle.

Bedingung:
Jesus Christus darum bitten.

(123) Johannes 4,14

Wer von dem Wasser trinken wird, das ich ihm gebe, den wird in Ewigkeit nicht dürsten, sondern das Wasser, das ich ihm geben werde, das wird in ihm eine Quelle des Wassers werden, das in das ewige Leben quillt.

Verheißung:
1.) „. . . der wird in Ewigkeit nicht dürsten"

Erklärung:
Es ist ein starker Hinweis auf ein erfülltes Leben, in dem der Mensch glücklich und zufrieden ist. Er hat wirklich das gefunden, was er immer schon gesucht hat und nach dem er sich immer schon gesehnt hat.

Verheißung:
2.) „. . . das wird in ihm eine Quelle des Wassers werden, das in das ewige Leben quillt"

Erklärung:
Was Jesus gibt, das neue und erfüllte Leben, ist nicht mehr abhängig von äußeren Umständen. Es ist keine „Zi-

sterne", die vom Regen abhängig ist, kein „See", der vom Zustrom eines Flusses abhängig ist. Wer von Jesus erfüllt ist, hat jetzt die „Quelle des Lebens" in sich selbst. Und wie das Wasser der Quelle durch den Strom in das Meer einmündet, so mündet auch dieses erfüllte Leben ein in das Meer der Ewigkeit.

Bedingung:
„Von dem Wasser trinken", das Jesus gibt.

Erklärung:
Ein Bild für den Heiligen Geist, den alle die empfangen, die Jesus Christus in ihr Leben aufnehmen.

(124) Johannes 6,35

Ich bin das Brot des Lebens. Wer zu mir kommt, den wird nicht hungern; und wer an mich glaubt, den wird nimmermehr dürsten.

Verheißung:
„. . . den wird nicht hungern"
„. . . den wird nimmermehr dürsten"

Erklärung:
Damit ist der Hunger und der Durst des Herzens gemeint, der Hunger und Durst nach wahrer Liebe, nach Angenommensein, nach Lebenssinn und Führung, nach Leben aus Gott und Leben mit Gott.

Bedingung:
Zu Jesus kommen und ihm vertrauen. Es geht auch hier wieder um die Lebenshingabe an Jesus.

(125) Johannes 10,10

Ich bin gekommen, damit sie das Leben und volle Genüge haben sollen.

Verheißung:
„. . . damit sie das Leben (ZOE = das Leben, das in Gott ist) und volle Genüge haben sollen"

Bedingung:
    „sie", das sind die Menschen, die durch eine Lebensent-
    scheidung für Jesus Christus ihm gehören und bereit
    sind, ihm nachzufolgen (siehe Johannes 10,9.4).

(126) Römer 8,13

Denn wenn ihr nach dem Fleisch lebt, so werdet ihr sterben
müssen; wenn ihr aber durch den Geist die Taten des Fleisches
tötet, so werdet ihr leben.

Verheißung:
    „... so werdet ihr leben."

Bedingung:
    Durch den Heiligen Geist die Taten des Fleisches (siehe
    „Werke des Fleisches" Galater 5,19–21) töten.

(127) Römer 8,32

Gott, der Vater, hat auch seinen eigenen Sohn nicht verschont,
sondern hat ihn für uns alle dahingegeben – wie sollte er uns
mit ihm nicht alles schenken?

Verheißung:
    „... wie sollte er uns mit ihm nicht alles schenken?"

Bedingung:
    Kind Gottes sein („uns").

(128) 1. Korinther 1,30

Durch ihn (Gott, den Vater) seid ihr in Christus Jesus, der uns
von Gott gemacht ist zur Weisheit und zur Gerechtigkeit und
zur Heiligung und zur Erlösung.

Verheißung:
    „... der uns von Gott gemacht ist zur ..."

(129) 1. Korinther 3,21–23

Alles ist euer: es sei Paulus oder Apollos oder Kephas, es sei
Welt oder Leben oder Tod, es sei Gegenwärtiges oder Zukünftiges, alles ist euer, ihr aber seid Christi, Christus aber ist Gottes.

Verheißung:
„. . . alles ist euer"

Erklärung:
In den obengenannten Personen, Dingen und Zeiten ist die ganze Fülle des Seins zusammengefaßt. Der Begriff „alles" umschließt wirklich alles. Wer durch Jesus Christus zu Gott gehört, ist in diesem neuen Sein „Miteigentümer" des gesamten „Alls". Christen sind in der Tat die reichsten Leute des Universums.

Bedingung:
Zu Jesus gehören.

(130) 2. Korinther 8,9

Denn ihr kennt die Gnade unseres Herrn Jesus Christus: obwohl er reich ist, wurde er doch arm um euretwillen, damit ihr durch seine Armut reich würdet.

Verheißung:
„. . . damit ihr durch seine Armut reich würdet"

Erklärung:
Jesus Christus hat den unaussprechlichen Reichtum, die Herrlichkeit des Himmels, verlassen und wurde ein Mensch (Philipper 2,6.7). Dadurch aber hat er für alle, die ihm vertrauen, die Tür zu einem geistlich reichen Leben geöffnet (Epheser 1,3–14).

(131) 2. Korinther 9,8

Gott aber kann machen, daß alle Gnade unter euch reichlich (Grundtext: überfließend) sei, damit ihr in allen Dingen allezeit volle Genüge habt und noch reich seid zu jedem guten Werk.

Verheißung:
„. . . daß alle Gnade unter euch reichlich sei!"

Bedingung:
Im Textzusammenhang wird deutlich, daß von der Bereitschaft, von Herzen zu geben und zu helfen, die Rede ist.

(132) Galater 3,9

So werden nun die, die aus dem Glauben sind, gesegnet mit dem gläubigen Abraham.

Verheißung:
„So werden nun die . . . gesegnet"

Bedingung:
Jesus Christus in dem umfassenden Sinn vertrauen, wie es die Bibel lehrt.

Erklärung:
„Gesegnet" meint in diesem Vers das weite Spektrum der göttlichen Segnungen: Errettung, Vergebung, Erfüllung mit dem Heiligen Geist usw.

(133) Epheser 1,3

Gelobt sei Gott, der Vater unseres Herrn Jesus Christus, der uns gesegnet hat mit allem geistlichen Segen im Himmel durch Christus.

Verheißung:
„. . . der uns gesegnet hat mit allem geistlichen Segen"

Bedingung:
Beachten Sie wieder das „uns", es spricht von den Menschen, die Jesus Christus ihr Leben anvertraut haben.

Erkärung:
In den folgenden 11 Versen nennt der Apostel neun geistliche Segnungen.

(134) Epheser 3,19

. . . auch die Liebe Christi erkennen, die alle Erkenntnis übertrifft, damit ihr erfüllt werdet mit der ganzen Gottesfülle.

Verheißung:
„. . . damit ihr erfüllt werdet mit der ganzen Gottesfülle"

Bedingung:
Die Liebe des Herrn Jesus Christus erkennen. Dabei geht es nicht um ein rein intellektuelles Erkennen, um bloßes

Wissen, sondern um ein inneres Ergriffensein und tiefes Bewegtsein von der Liebe Jesu. Das meint „die Liebe erkennen", die „alle Erkenntnis übertrifft".

(135) 1. Petrus 5,5

Gott widersteht den Hochmütigen, aber den Demütigen gibt er Gnade.

Verheißung:
> „. . . aber den Demütigen gibt er Gnade"

Bedingung:
> Demütig sein, von Gott abhängig bleiben, erkennen, daß wir „ohne ihn nichts tun können" (Johannes 15,5).

Erklärung:
> „Gnade" kann in dieser Verheißung in einem umfassenden Sinn gesehen werden. Es ist also nicht nur die rettende Gnade, sondern auch die erfüllende Gnade angesprochen. Gott gibt Gnade zur Bewältigung aller Aufgaben, die wir zu erledigen haben.

(136) 1. Petrus 5,10

Der Gott aller Gnade aber, der euch berufen hat zu seiner ewigen Herrlichkeit in Christus Jesus, der wird euch, die ihr eine kleine Zeit leidet, aufrichten, stärken, kräftigen, gründen.

Verheißung:
> „. . . Gott wird euch . . . aufrichten, stärken, kräftigen, gründen"

Erklärung:
> „Leiden" ist kein Widerspruch zu dem verheißenen erfüllten Leben, das zeigt uns diese Verheißung. Denn Gott richtet im Leiden auf, stärkt im Leiden, kräftigt im Leiden, gründet im Leiden. So gibt es ein erfülltes Leben auch in den Phasen des Leidens.

Bedingung:
> In der Gemeinschaft mit Jesus Christus sein.

(137) 1. Johannesbrief 4,9

Darin ist erschienen die Liebe Gottes unter uns, daß Gott seinen eingebornen Sohn gesandt hat in die Welt, damit wir durch ihn leben sollen.

Verheißung:
„... damit wir durch ihn leben sollen"
Voraussetzung:
Die Sendung des Sohnes Gottes in die Welt.

(138) Offenbarung 22,17

Und der Geist und die Braut sprechen: Komm! Und wer es hört, der spreche: Komm! Und wen dürstet, der komme; und wer da will, der nehme das Wasser des Lebens umsonst.

Verheißung:
„... der nehme das Wasser des Lebens umsonst"
Bedingung:
Ein von Gott und seinem Leben erfülltes Leben wollen.

Sie ist ganz echt

Sie fiel wirklich auf, ihr Lachen, ihre Freundlichkeit, ihr Interesse für andere, und sie war ständig von jungen Leuten umlagert. Das wäre nichts Außergewöhnliches, wenn jemand gesund, hübsch und erfolgreich ist. Aber Monika, so nenne ich sie einmal, war körperbehindert, und trotzdem war sie der Anziehungspunkt auf unserer Jugendkonferenz.
Natürlich interessierte mich das Geheimnis ihrer Ausstrahlungskraft. So setzte ich mich zu ihr und bat sie, aus ihrem Leben zu berichten.
Sie war mit ihrem Schicksal zuerst nicht einverstanden. Rebellion und Unzufriedenheit prägten viele Jahre ihres jungen Lebens. Dann wurde sie zu einer Evangelisation von „Jugend für Christus" mitgenommen, und dort hörte sie zum ersten Mal, daß Jesus Christus kein Religionsstifter ist, sondern der Sohn Gottes, der lebt und der erfülltes Leben geben kann. Das packte sie und bewegte sie, eine Entscheidung für Christus zu treffen.
Ihre Eltern konnten damit absolut nichts anfangen. Sie stieß auf

Unverständnis und Widerstand. Besonders ihr jüngerer Bruder provozierte sie ständig. Aber in dieser eisigen Atmosphäre wuchs ihre Liebe zu Jesus und stabilisierte sich ihr neues Leben. Sie erhielt täglich Mut und neue Hoffnung.

„Ich habe ein erfülltes Leben", sagte sie strahlend. Und das empfand wohl jeder in ihrer Gegenwart.

Auf dieser Konferenz saß ich beim Frühstück einem 16jährigen gegenüber. Ich hatte mit ihm ein erstaunlich offenes Gespräch über den Glauben. „Der ist nahe dran", dachte ich, und so machte ich ihm das Angebot einer Entscheidung für Christus. „Sprich mich einfach an", sagte ich, „wenn du dazu bereit bist." Er sah mich nachdenklich an, und dann sagte er: „Wenn ich diese Entscheidung treffe, dann gehe ich zu meiner Schwester, die ist ganz echt."

„Kenne ich deine Schwester?" fragte ich ihn. Da deutete er auf Monika.

„Tu das", sagte ich ergriffen, denn ich ahnte, daß er der sie provozierende Bruder war. Ihre Liebe, ihr anziehendes Leben aber hatte ihn besiegt.

13. . . . wieviel mehr wird er euch kleiden

„Wenn nun Gott das Gras, das heute auf dem Feld steht und morgen in den Ofen geworfen wird, so kleidet, wieviel mehr wird er euch kleiden, ihr Kleingläubigen!" (Lukas 12,28).

Gott kümmert sich auch um die Alltäglichkeiten seiner Kinder, um Essen und Trinken, um Kleidung und Wohnung, um Beruf und Schule, um unseren Leib und um unsere Zeit. Das alles ist für ihn nicht lästiger und banaler Kleinkram. Jesus bringt die Fürsorge des himmlischen Vaters auf folgenden Nenner: Wenn Gott verantwortlich zeichnet für die Blumen, die am Wegesrand oder auf einer Wiese blühen, wieviel mehr wird er dann auch die Verantwortung für unser Leben und für alles, was damit zusammenhängt, übernehmen.
Im vorangehenden Kapitel sprach ich von den „geistlichen Segnungen", hier kommen die irdischen Segnungen zur Sprache, also das Handgreifliche des Alltags. Und auch dafür ist unser Vater zuständig. In einer vielzitierten Verheißung hat das Jesus so zusammengefaßt:
„Trachtet zuerst nach dem Reich Gottes und nach seiner Gerechtigkeit, so wird euch solches alles zufallen" (Matthäus 6,33).
„. . . *solches alles"*, da sind die äußerlichen Dinge angesprochen, die ja weite Strecken unseres Lebens ausmachen.
Als Jesus Christus am Ende seines Dienstauftrags einmal seine Jünger fragte:
„Als ich euch ausgesandt habe ohne Geldbeutel, ohne Tasche und ohne Schuhe, habt ihr da je Mangel gehabt?" (Lukas 22,35), konnten sie erstaunt antworten: „Niemals". Vielleicht ist es ihnen erst durch diese Frage bewußt geworden, wie wunderbar Gott sie geführt und versorgt hat. Er hat sie zwar nicht zu „Millionären" und „Stars" gemacht, aber er hat ihnen das gegeben, was sie brauchten.
Wenn wir Kinder Gottes sind, dürfen wir mit der Fürsorge unseres Vaters rechnen. Auch durch die kleinen Wunder im Alltag soll die Welt erkennen, daß wir einen wunderbaren Vater haben. Nehmen Sie Gott bei seinen „Verheißungen". Er

wird Sie nicht enttäuschen. Beachten Sie aber bitte auch hier, daß Verheißungen sehr oft mit Bedingungen verknüpft sind.

(139) Matthäus 6,33

Trachtet zuerst nach dem Reich Gottes und nach seiner Gerechtigkeit, so wird euch das alles zufallen.

Verheißung:
> „. . . so wird euch das alles zufallen"

Bedingung:
> Die Sache des „Reiches Gottes", Gottes Anliegen müssen Priorität in Ihrem Leben haben, müssen an erster Stelle stehen.

Erklärung:
> Beachten Sie die Verse 25–32. Sie dürfen auf alle Bereiche des Lebens erweitert werden.

Parallel:
> Lukas 12,31

(140) Matthäus 6,34

Darum sorgt nicht für morgen, denn der morgige Tag wird für das Seine sorgen.

Verheißung:
> „. . . der morgige Tag wird für das Seine sorgen"

Erklärung:
> Das „darum", das die Verheißung einleitet, verbindet sie mit dem vorangegangenen Vers 33. Darum gilt die dort genannte Bedingung, „zuerst nach dem Reich Gottes zu trachten", auch für diese Verheißung.

(141) Lukas 12,28

Wenn nun Gott das Gras, das heute auf dem Feld steht und morgen in den Ofen geworfen wird, so kleidet, wieviel mehr wird er euch kleiden, ihr Kleingläubigen!

Verheißung:
> „. . . wieviel mehr wird er euch kleiden"

Bedingung:
Jünger Jesu sein (Lukas 12,22).

(142) Johannes 10,9

Ich bin die Tür; wenn jemand durch mich hineingeht, wird er selig (im Grundtext „gerettet") werden und wird ein- und ausgehen und Weide finden.

Verheißung:
„. . . er wird ein- und ausgehen und Weide finden"

Erklärung:
Ein wunderbarer Vergleich für die alltägliche Versorgung: Das Bild vom Hirten, der seine Herde weidet.

Bedingung:
Eine persönliche Lebenshingabe an Jesus Christus.

(143) 2. Korinther 9,10.11

Der aber Samen gibt dem Sämann und Brot zur Speise, der wird auch euch Samen geben und ihn mehren und wachsen lassen die Früchte eurer Gerechtigkeit. So werdet ihr reich sein in allen Dingen, zu geben in aller Einfalt.

Erklärung:
Der Zusammenhang spricht von der Geldsammlung für die notleidenden Christen in Jerusalem. Paulus ermutigt die Gläubigen in Korinth, reichlich zu geben, und er macht ihnen deutlich, daß Gott sich nichts schenken läßt. Auf diesem Hintergrund sind die hier angesprochenen Verheißungen zu sehen. Wer gibt, empfängt – und zwar Irdisches und Geistliches.

Verheißung:
„. . . der wird auch euch Samen geben und ihn mehren und die Früchte wachsen lassen"
„So werdet ihr reich sein in allen Dingen"

Bedingung:
Verantwortlich und reichlich geben

(144) Epheser 6,2

„Ehre Vater und Mutter", das ist das erste Gebot, das eine Verheißung hat: „auf daß dir's wohlgehe und du lange lebest auf Erden" (5. Mose 5,16).

Verheißung:
> „... auf daß dir's wohl gehe und du lange lebest auf Erden"

Bedingung:
> Vater und Mutter ehren.

(145) Philipper 4,19

Mein Gott aber wird all eurem Mangel abhelfen nach seinem Reichtum in Herrlichkeit in Christus Jesus.

Verheißung:
> „Mein Gott aber wird all eurem Mangel abhelfen nach seinem Reichtum"

(146) 1. Petrus 5,7

Alle eure Sorge werft auf ihn; denn er sorgt für euch.

Verheißung:
> „... denn er sorgt für euch"

Bedingung:
> Die Sorgen, Belastungen und Probleme „auf Gott zu werfen", das heißt sie ihm zu geben und sie bei ihm zu lassen.

Es war 15.59 Uhr

Ich hatte an diesem Freitag mein Auto zum Kundendienst in die Werkstatt gebracht.
„Wir rufen Sie an, wenn es fertig ist", versprach der Meister. Und darauf war Verlaß.
Der Anruf kam kurz nach 12.00 Uhr. Ich checkte die Zeit ab. 45 Minuten Fahrt mit dem Bus und dann 10 Minuten mit dem Taxi. Wenn ich also 15.00 Uhr wegfuhr, hatte ich die doppelte Zeit – und das war, selbst beim Großstadthauptverkehr am

Freitag nachmittag, sehr gut kalkuliert. Es konnte also nichts schiefgehen.

Pünktlich erreichten wir, meine Tochter und ich, den Bus und erlebten einen außergewöhnlich rasanten Fahrer. Er startete sein Gefährt mit solch einem Schwung, daß die zugestiegenen Fahrgäste automatisch auf die Plätze gedrückt, um nicht zu sagen geschleudert wurden. Zweimal schaffte er es, noch beim Umschalten der Ampel von Gelb auf Rot über die Kreuzung zu kommen. Wirklich sehr gewagt. Und bei einer Vollbremsung wurde einer Frau die Tasche aus der Hand gerissen und schlitterte am Boden entlang. Aber wir kamen pünktlich am Busbahnhof an.

Auch der Taxifahrer war nicht der Zahmste.

„Ich zeige Ihnen, wie man in der Hauptverkehrszeit gut durchkommt", sagte er lächelnd und gab Gas, um eine Autoschlange rechts zu überholen und sich dann vor der Ampel noch einzufädeln. „So, hier ist Ihre Werkstatt", sagte er zufrieden. Ich zahlte natürlich etwas mehr für eine so abenteuerliche Fahrt.

Als wir auf das Tor zusteuerten, kam uns eine Büroangestellte mit einem großen Schlüsselbund in der Hand entgegen.

„Sie wollen noch Ihren Wagen?" fragte sie etwas vorwurfsvoll.

„Er ist doch fertig", antwortete ich und sah dabei auf die Uhr. „Es ist 15.59 Uhr. Bin ich zu spät?"

„Beinah", sagte sie. „Wir schließen am Freitag um 16.00 Uhr."

„Oh, das ist peinlich. Ich hatte mit 17.00 Uhr gerechnet", entgegnete ich überrascht.

„Nun ja, Sie haben ja Glück. Wenige Minuten später, und Sie wären am Wochenende ohne Wagen gewesen."

Erst jetzt schaltete ich nach oben und begriff diese wunderbare Führung. Der rasante Busfahrer, der kühne Taxifahrer – alles göttliche Planung, bis auf die Minute. Präzisionsarbeit Gottes. In der Tat, Gott kümmert sich um seine Leute, und zwar bis ins Detail. „. . . so wird euch alles andere zufallen", kam mir ins Gedächtnis, und ich formulierte ein „Danke Herr! Du bist wirklich wunderbar".

14. ... sie sollen getröstet werden

„Selig sind, die da Leid tragen; denn sie sollen getröstet werden" (Matthäus 5,4).

Die Bibel nennt Gott den „*Gott alles Trostes*" (2. Korinther 1,3), und im Buch des Propheten Jesaja steht: *„Ich, der Herr, will euch trösten, wie einen seine Mutter tröstet"* (66,13).
Einen der ergreifendsten Texte zum Thema Trost finden Sie in der Offenbarung:
„... und Gott wird abwischen alle Tränen von ihren Augen" (7,17).
Es gibt also ein letztes und endgültiges getröstet werden, und das wird im Himmel geschehen. Dort steigt Gott vom Thron und geht auf seine Kinder zu, um mit seinen Händen ihre Tränen zu trocknen. Das darf kein Engel tun, dazu ist keine der machtvollen Gestalten am Thron berechtigt. Das hat Gott, der Vater, sich vorbehalten. Diese biblischen Texte zeigen, daß auch Christen vom Leid nicht verschont werden. Das ist nicht nur eine Erfahrungstatsache, sondern das ist das Zeugnis der Bibel. Leid in verschiedenen Variationen und Leid in verschiedenen Ausprägungen gehört auf dieser Erde zum Christsein wie die Nacht zum Tag, wie der Winter zum Sommer, wie der Schatten zum Licht.
Stellen Sie sich Ihr Leben einmal wie ein großes Gemälde vor, wie ein riesiges Aquarell. Der Künstler steht mit seiner Farbpalette davor und arbeitet an diesem Bild. Er wird helle und dunkle Farben benützen. Er wird markante Striche ziehen und beinah unmerkliche Tupfer anbringen. Aber das alles, das Helle und das Dunkle, das Leuchtende und das Blasse, das Hervorstechende und das Unauffällige ergeben am Ende ein wunderbares Bild. Nur helle Farben, nur eine gelbe oder grasgrüne Fläche, das wäre undenkbar. Keiner würde bewundernd vor einem solchen „Gemälde" stehen bleiben.
Leid, dunkle und rätselhafte Führungen gehören zum Christsein, wie auch die Freude, wie wunderbare Gebetserhörungen und wie erstaunliche Erfahrungen.
Zeiten des Leids sind Zeiten, in denen wir besonders geformt

werden. Es sind die dunklen und hervorstechenden Striche im Lebensaquarell, es sind die markanten Segensstunden. Das werden wir freilich nicht immer sofort erkennen, und manches wird uns bis zum Jenseits rätselhaft und verborgen bleiben. Aber die Bibel spricht sehr offen davon und ermutigt uns zum „Durchvertrauen".

Jesus sagte zu seinen Jüngern:

„Gedenkt an das Wort, das ich euch gesagt habe: Der Knecht ist nicht größer als sein Herr. Haben sie mich verfolgt, so werden sie euch auch verfolgen" (Johannes 15,20).

Im Leben Jesu waren viele solche Erfahrungen des Leids zu finden. Er wurde von ihm nahestehenden Menschen verkannt, von seiner Mutter und von seinen Brüdern, er wurde von der religiösen Elite seines Volkes abgelehnt, und selbst seine Jünger ließen ihn am Ende im Stich. Die Bibel sagt dazu:

„So hat Jesus, obwohl er Gottes Sohn war, doch an dem, was er litt, Gehorsam gelernt" (Hebräer 5,8).

Die folgenden Verheißungen sind für Menschen, die gerade jetzt durch diese Schule des Leids gehen. Dabei ist es ein wichtiger Lernprozeß, nicht gegen leidvolle Führungen zu rebellieren, sondern sie aus Gottes Hand zu nehmen. Bedenken Sie bitte: „. . . sie sollen getröstet werden"!

(147) Matthäus 5,4

Selig sind, die da Leid tragen; denn sie sollen getröstet werden.

Verheißung:

„. . . sie sollen getröstet werden"

Bedingung:

Das Leid tragen, bereitwillig tragen, nicht nur ertragen.

Erklärung:

Die Verheißung muß in Verbindung mit anderen Verheißungen gesehen werden.

(148) Matthäus 5,7

Selig sind die Barmherzigen; denn sie werden Barmherzigkeit erlangen.

Verheißung:

„. . . sie werden Barmherzigkeit erlangen"

Bedingung:

Barmherzig sein.

(149) Matthäus 5,11

Selig seid ihr, wenn euch die Menschen um meinetwillen schmähen und verfolgen und reden allerlei Übles gegen euch, wenn sie damit lügen. Seid fröhlich und getrost; es wird euch im Himmel reichlich belohnt werden.

Verheißung:

„. . . es wird euch im Himmel reichlich belohnt werden"

Bedingung:

Die Bereitschaft, Schmach, Verfolgung und üble Nachrede um Jesu willen auf sich zu nehmen.

(150) Matthäus 12,20

Das geknickte Rohr wird er nicht zerbrechen, und den glimmenden Docht wird er nicht auslöschen.

Verheißung:

1. „Das geknickte Rohr wird er nicht zerbrechen"
2. „Den glimmenden Docht wird er nicht auslöschen"

Erklärung:

Diese Verheißung zeigt den Charakter des Sohnes Gottes: Schwache, vom Leben angeschlagene und verwundete Menschen finden bei ihm Aufnahme und können so innere Heilung erleben.

(151) Lukas 21,18–19

Kein Haar von eurem Haupt soll verloren gehen. Seid standhaft, und ihr werdet euer Leben gewinnen.

Verheißung:

1. „Kein Haar soll von eurem Haupt verloren gehen"
2. „. . . ihr werdet euer Leben gewinnen"

Bedingung:
Zu Jesus halten, „standhaft sein".

(152) Johannes 14,27

Den Frieden lasse ich euch, meinen Frieden gebe ich euch.
Nicht gebe ich euch, wie die Welt gibt. Euer Herz erschrecke
nicht und fürchte sich nicht.

Verheißung:
„. . . meinen Frieden gebe ich euch"
Bedingung:
Jünger Jesu sein.

(153) Römer 5,3–5

Wir rühmen uns auch der Bedrängnisse, weil wir wissen, daß
Bedrängnis Geduld bringt, Geduld aber Bewährung, Bewährung aber Hoffnung, Hoffnung aber läßt nicht zuschanden
werden.

Verheißung:
„. . . daß Bedrängnis Geduld bringt, Geduld aber Bewährung, Bewährung aber Hoffnung, Hoffnung aber läßt
nicht zuschanden werden"
Bedingung:
In der Bedrängnis, in Schwierigkeiten und Nöten nicht rebellieren und anklagen, sondern „sich rühmen" (Beispiel:
Apostelgeschichte 5,41 – das Verhalten der Apostel nach
der Geißelung im Hohen Rat).

(154) Römer 8,28

Wir wissen aber, daß denen, die Gott lieben, alle Dinge zum Besten dienen.

Verheißung:
„. . . alle Dinge dienen zum Besten"
Erklärung:
auch die leidvollen und rätselhaften Führungen und Erfahrungen werden uns zum Besten dienen.

Bedingung:
 Gott lieben.

(155) Römer 8,34

Wer will verdammen? Christus Jesus ist hier, der gestorben ist, ja vielmehr, der auch auferweckt ist, der zur Rechten Gottes ist und uns vertritt.

Verheißung:
 „... er vertritt uns"

Bedingung:
 Zu den Nachfolgern Jesu gehören („uns").

(156) 1. Korinther 10,13

Aber Gott ist treu, der euch nicht versuchen läßt über eure Kraft, sondern macht, daß die Versuchung so ein Ende nimmt, daß ihr's ertragen könnt.

Verheißung:
 „Gott ist treu, der euch nicht versuchen läßt über eure Kraft, ... daß ihr's ertragen könnt"

(157) 2. Korinther 1,5

Denn wie die Leiden Christi reichlich über uns kommen, so werden wir auch reichlich getröstet durch Christus.

Verheißung:
 „... so werden wir auch reichlich getröstet durch Christus"

Bedingung:
 Leiden um Christi willen.

Erklärung:
 Der Apostel Paulus spricht hier von sich und seinem Missionsteam. Im Hintergrund stehen leidvolle Erlebnisse, die sie in Asien gemacht haben (Apostelgeschichte 19,23–40). Aber die Verheißung gilt für alle, die in der Nachfolge Jesu, um Jesu willen Leid erleben.

(158) 2. Korinther 1,7

Und unsere Hoffnung steht fest für euch, weil wir wissen: wie ihr an den Leiden teilhabt, so werdet ihr auch am Trost teilhaben.

Verheißung:
„. . . so werdet ihr auch am Trost teilhaben"

Bedingung:
Leiden um Jesu willen.

Gott wird abwischen alle Tränen

Während meines Theologiestudiums war ich zu einem Praxiseinsatz bei der Frankfurter Bahnhofsmission eingeteilt. Ich kam dabei mit vielen Menschen ins Gespräch und hörte viele Lebensschicksale. So als ob es erst gestern gewesen wäre, erinnere ich mich an die Begegnung mit einer jüdischen Christin. Ihr Schicksal und ihr Getröstetsein in Gott hat mich tief bewegt. Während des Dritten Reiches wurde sie mit ihren zwei Kindern in ein Konzentrationslager gebracht. Es begann eine furchtbare Zeit des Leidens. Sie mußte miterleben, wie ihre Kinder, ein 7jähriges Mädchen und ein 8jähriger Junge, vor ihren Augen hingerichtet wurden. Sie selbst wurde dabei von zwei SS-Soldaten festgehalten, bis sie ohnmächtig zusammenbrach.

Weinend berichtete sie davon, aber noch unter Tränen sprach sie auch von dem Trost, der ihr durch Jesus Christus täglich neu geschenkt wird.

„Manchmal wache ich nachts schreiend auf", sagte sie. „Ich habe im Traum wieder alles nacherlebt. Aber dann ist es, als ob Jesus mich in die Arme nimmt und meine Tränen trocknet."

Da mußte ich an das Bibelwort denken: „. . . und Gott wird abwischen alle Tränen von ihren Augen."

15. ... so werdet ihr Ruhe finden

„Nehmt auf euch mein Joch und lernt von mir; denn ich bin sanftmütig und von Herzen demütig; so werdet ihr Ruhe finden für eure Seelen" (Matthäus 11,29).

Wir sind eine gehetzte Generation. Beinah jeder hat einen übervollen Terminkalender. Unruhe kennzeichnet das Leben vieler Menschen. Auch Christen sind davon nicht ausgenommen. Auch sie stehen unter Druck. Auch an ihren Terminkalender werden hohe Ansprüche gestellt. Auch ihr Tag sollte mehr als 24 Stunden haben. Überdenken Sie bitte auf diesem Hintergrund das Leben Jesu. Während seiner öffentlichen Tätigkeit war er übermäßig stark gefordert. Ständig war er von Menschen umgeben, die Außergewöhnliches von ihm erwarteten. In der Bibel lesen wir:

„Und Jesus zog umher in ganz Galiläa, lehrte in ihren Synagogen und predigte das Evangelium vom Reich und heilte alle Krankheiten und alle Gebrechen im Volk. Und die Kunde von ihm erscholl durch ganz Syrien. Und sie brachten zu ihm alle Kranken, mit mancherlei Leiden und Plagen behaftet, Besessene, Mondsüchtige und Gelähmte; und er machte sie gesund. Und es folgte ihm eine große Menge aus Galiläa, aus den Zehn Städten, aus Jerusalem, aus Judäa und von jenseits des Jordans" (Matthäus 4,23–25).

An einer anderen Stelle wird berichtet:

„Aber Jesus entwich mit seinen Jüngern an den See, und eine große Menge aus Galiläa folgte ihm; auch aus Judäa und Jerusalem, aus Idumäa und von jenseits des Jordans und aus der Umgebung von Tyrus und Sidon kam eine große Menge zu ihm, die von seinen Taten gehört hatte. Und er sagte zu seinen Jüngern, sie sollten ihm ein kleines Boot bereithalten, damit die Menge ihn nicht bedränge. Denn er heilte viele, so daß alle, die geplagt waren, über ihn herfielen, um ihn anzurühren" (Markus 3,7–10).

Streßsituationen im Leben Jesu! Und doch können wir uns nicht vorstellen, daß Jesus in Hektik geriet, daß er ärgerlich wurde, oder daß er die Fassung verlor. Er lebte im Frieden Gottes, auch wenn die Menschen ihn pausenlos bedrängten, ihn um Hilfe baten, ihn fragten und ihn hören wollten.

Jesus kannte das Geheimnis der Ruhe mitten im Streß, mitten in Krisensituationen und mitten in ungewöhnlichen Herausforderungen. Dieses Geheimnis des inneren Friedens und der Ausgeglichenheit hat Jesus Christus seinen Jüngern vermittelt: *„. . . lernt von mir; denn ich bin sanftmütig und von Herzen demütig."*

Die Stichworte lauten *„Sanftmut"* und *„Demut".* Sanftmut ist das Gegenteil von Selbstverwirklichung. Wer sich selbst verwirklichen will, lebt im Egoismus, lebt mit dem Ellbogenprinzip. Jesus sah den anderen, den Mitmenschen, und für ihn wollte er da sein. Wer für sich selbst lebt, kann nie genug bekommen, dreht sich um das eigene Ich und muß immer mehr haben und tun, um den Selbstwertbeweis zu erbringen. Das führt unweigerlich zum Streß. Und die zweite Eigenschaft nennt Jesus „Demut". Es ist die völlige Abhängigkeit von Gott, es ist das kindliche Vertrauen zum Vater. Jesus sagte: *„Der Sohn kann nichts von sich aus tun, sondern nur, was er den Vater tun sieht; denn was dieser tut, das tut gleicherweise auch der Sohn"* (Johannes 5,19).

Das ist Demut, und diese Demut bewahrt vor eigenen Wegen, bewahrt vor eigenem Tun, bewahrt vor eigenem Wollen. Nur so können wir die „Ruhe finden" von der Jesus gesprochen hat.

(159) Matthäus 11,28.29

Kommt her zu mir, alle, die ihr mühselig und beladen seid; ich will euch erquicken. Nehmt auf euch mein Joch und lernt von mir; denn ich bin sanftmütig und von Herzen demütig; so werdet ihr Ruhe finden für eure Seelen.

Verheißung:
> „. . . ich will euch erquicken"
> „. . . so werdet ihr Ruhe finden für eure Seelen"

Bedingung:
> 1. Zu Jesus kommen
> 2. Sein Joch annehmen
> 3. Von ihm lernen

Erklärung:
> Drei Schritte werden genannt, wie es zu einem ausgeglichenen, innerlich harmonischen Leben kommen kann.

Das erste ist eine bewußte Lebensübereignung an Jesus Christus. Das zweite ist der Verzicht auf Selbstverwirklichung, das Annehmen der Lebensumstände, in die Sie hineingestellt sind, das Nein zur Rebellion und Auflehnung. Der Bildbegriff „Joch" macht das deutlich. Ein Ochse, der sich ständig gegen das Joch aufbäumt, es abstreifen will, reibt sich daran wund. Zum Beispiel sind die Ursachen von Depressionen oft ein jahrelanges Auflehnen gegen Lebensumstände oder gegen eine nicht zu verändernde Lebensführung. Das dritte ist die Bereitschaft, von Jesus Christus Demut und Sanftmut zu lernen. Erforderlich ist eine grundsätzliche Lernbereitschaft. Wer diese innere Bereitschaft hat, wird dann auch von ihm durch den Heiligen Geist verändert. Beachten Sie auch die Reihenfolge dieser Schritte.

(160) Hebräer 4,1.3

So laßt uns nun mit Furcht darauf achten, daß keiner von euch etwa zurückbleibe, solange die Verheißung noch besteht, daß wir zu seiner Ruhe kommen. Denn wir, die wir glauben, gehen ein in die Ruhe.

Verheißung:
    „. . . gehen ein in die Ruhe"

Bedingung:
    Jesus Christus vertrauen und dem vertrauen, was er für uns getan hat und täglich tut.

Es war alles vorbereitet

Ich war voller Unruhe. Die Einladungszettel waren gedruckt, und ich rechnete mit einer vollen Stadthalle. Aber wenn diese Gruppe aus Amerika nun nicht kommen würde!? Ich hatte seit Monaten nichts mehr von ihnen gehört. Ganz flüchtig waren wir uns in einer Großstadt begegnet. Ich hatte ihnen damals meine Anschrift gegeben und mit ihnen den Termin für einen Offenen Abend abgesprochen. Und ich hatte ihnen zugesagt, sie an diesem Donnerstag am CVJM-Haus abzuholen. Und nun war es soweit. Ich fuhr in diese Großstadt und bewegte während der Fahrt drei Probleme. Das erste Problem: Würden die

„Jesus People" da sein. Das zweite Problem: Würde ich das CVJM-Haus in der Innenstadt finden? Und das dritte Problem: Ein Parkplatz in der City. Ich war in Spannung, in innerer Aufregung, um nicht zu sagen im Streß. Und dann erlebte ich, wie schon so oft, daß Gott alles wunderbar vorbereitet hatte. Ich hätte mir alle Unruhe und den Streß wirklich ersparen können. So steuerte ich meinen Wagen in Richtung Hauptbahnhof, ordnete mich irgendwo rein „zufällig" links ein in Richtung City. Und plötzlich sah ich die vier großen Buchstaben: CVJM. „Danke, Herr Jesus", sagte ich erstaunt und fuhr langsam an das Gebäude heran. Da kam die zweite Überraschung: In diesem Augenblick fuhr ein Auto, das vor dem Haupteingang des CVJM geparkt hatte, weg. Ich hatte einen Parkplatz, und zwar den besten, den es gab. Und dann erlebte ich das dritte Wunder. Als ich ausstieg und mich umsah, kam die besagte Gruppe mir entgegen. Auch sie waren soeben angekommen.

Kurz darauf fuhren wir Gott lobend und dankend zu dem Veranstaltungsort. An diesem Abend schenkte Gott einen geistlichen Aufbruch in einer überfüllten Halle. Viele junge Menschen trafen eine Entscheidung für Jesus Christus. Für mich aber waren diese Erlebnisse ein erneuter Ruf zum völligen Vertrauen.

16. ... alles, was ihr bittet im Gebet

„Alles, was ihr bittet im Gebet, wenn ihr glaubt, so werdet ihr's empfangen" (Matthäus 21,22).

Die enorme Bedeutung des Gebets können Sie daran erkennen, daß Jesus Christus während seines irdischen Lebens viel und intensiv betete. Seine Art zu beten, seine Hingabe im Gebet, seine Gebetsdynamik veranlaßte seine Jünger zu der Bitte: *„Herr, lehre uns beten"* (Lukas 11,1).

Ich möchte einige „high-lights" aus der Gebetspraxis von Jesus aufzeigen:
Vor seinem öffentlichen Auftreten verbrachte Jesus mehrere Wochen in der Wüste. Dort fastete und betete er. Es war eine entscheidende Zeit der Vorbereitung für seinen Dienst: *„Da wurde Jesus vom Geist in die Wüste geführt ... Und da er vierzig Tage und vierzig Nächte gefastet hatte* (Fasten und Beten gehören zusammen) *..."* (Matthäus 4,1.2).

Jesus betete sehr früh am Morgen und begann so den Tag mit einem ganz persönlichen und anhaltenden Gespräch mit seinem Vater:
„Und am Morgen, noch vor Tage, stand Jesus auf und ging hinaus. Und er ging an eine einsame Stätte und betete dort" (Markus 1,35).

Nach machtvollen Offenbarungen der Kraft Gottes und vor tiefgreifenden Entscheidungen betete Jesus auch in der Nacht:
„Es begab sich aber zu der Zeit, daß er auf einen Berg ging, um zu beten; und er blieb die Nacht über im Gebet zu Gott. Und als es Tag wurde, rief er seine Jünger und erwählte zwölf von ihnen" (Lukas 6,12.13).

„Und als er das Volk hatte gehen lassen, stieg er allein auf einen Berg, um zu beten. Und am Abend war er dort allein" (Matthäus 14,23).

Gelegentlich hat Jesus sich auch tagsüber zurückgezogen, um einige Zeit im Gebet zu verbringen:
„Und es begab sich, als Jesus allein war und betete und nur seine Jünger bei ihm waren ..." (Lukas 9,18).

Bemerkenswert ist die ganz natürliche Art seines Betens. Er verwendete keinen „Gebetsschemel", keine „Kerzen", kein „Gebetbuch". Er faltete nicht die Hände und schloß nicht seine

Augen. Mitten im Gespräch konnte er plötzlich ohne besondere Gebetsüberleitung mit seinem Vater reden:

„Da hoben sie den Stein (vom Grab) weg. Jesus aber hob seine Augen auf und sprach: Vater, ich danke dir, daß du mich erhört hast. Ich weiß, daß du mich allezeit hörst; aber um des Volkes willen, das umher steht, sage ich's, damit sie glauben, daß du mich gesandt hast. Als er das gesagt hatte, rief er mit lauter Stimme: Lazarus, komm heraus!" (Johannes 11,41–43).

Die Bibel spricht davon, daß Jesus der große Hohepriester ist, der für seine Gemeinde betet. Im Johannesevangelium finden Sie im 17. Kapitel die Zusammenfassung eines weitgespannten und sehr tiefen Fürbittegebets, das Jesus sprach.

Beachtenswert ist der Bibeltext, der Jesus in besonderer Weise als Beter charakterisiert:

„Und Jesus hat in den Tagen seines irdischen Lebens Bitten und Flehen mit lautem Schreien und mit Tränen dem dargebracht, der ihn vom Tod erretten konnte; und er ist auch erhört worden, weil er Gott in Ehren hielt" (Hebräer 5,7).

Weil Jesus wußte, wie wichtig das Gebet ist, hat er es auch seinen Nachfolgern dringend aufs Herz gelegt. Er hat ihnen viele Gebetsverheißungen gegeben und sie damit zum Gebet ermutigt. Eine dieser Verheißungen lautet:

„Alles, was ihr bittet im Gebet, wenn ihr glaubt, so werdet ihr's empfangen."

Wenn Sie diese Verheißung ernst nehmen und anwenden, dann kann das Ihr ganzes Leben und Ihr ganzes Christsein revolutionär verändern. Das wäre der Schlußstrich unter alle Minderwertigkeitskomplexe und das Ende aller Resignation. Sie werden vor Schwierigkeiten nicht mehr kapitulieren, denn Sie dürfen aus dem unendlichen Reichtum Gottes nehmen – Sie dürfen bitten und nehmen. Jesus hat diese Gebetsverheißung seinen Jüngern gegeben, den Männern und Frauen, die mit ihm unterwegs waren, die sich ihm mit ihrem ganzen Leben anvertraut hatten. Damit wird der Adressat dieser Verheißung klar benannt. Wer zu Jesus gehört, der darf bitten und nehmen. Gebetsverheißungen sind keine „Blankoschecks" für jedermann.

Und dann hat Jesus vom „Bitten" gesprochen. Der Beter soll klar aussprechen, was er braucht. Bitten aber werde ich nur, wenn ich von meiner Bedürftigkeit überzeugt bin und wenn ich weiß, daß ich selbst nicht in der Lage bin, mir das zu geben, was ich benötige. Wer bittet ist abhängig, wer bittet gibt seine Hilfsbedürftigkeit zu. Auch diese neue Grundhaltung der totalen Abhängigkeit, besonders im geistlichen Bereich, muß eingeübt werden. Jesus spricht in vielen Gebetsverheißungen davon, daß wir in seinem Namen bitten sollen. Das heißt, in Übereinstimmung mit seinem Willen, in völliger Einheit mit ihm. Vielleicht wird gerade daran deutlich, warum nicht alle Gebete erhört werden. Manche Bitten sind vom Egoismus geprägt, und sie sind nicht in Harmonie mit dem Willen Gottes. Solche Bitten aber wird der Vater nicht erhören.

Prägen Sie sich die folgenden Gebetsverheißungen und die damit verbundenen Bedingungen ein, und treten Sie mit ihnen voller Vertrauen an den „Thron der Gnade".

(161) Matthäus 6,6

Wenn du aber betest, so geh in dein Kämmerlein und schließ die Tür zu und bete zu deinem Vater, der im Verborgenen ist; und dein Vater, der in das Verborgene sieht, wird dir's vergelten.

Verheißung:
„... dein Vater, der in das Verborgene sieht, wird dir's vergelten"

Bedingung:
Im Verborgenen beten.

Erklärung:
Muß in Verbindung mit Vers 5 gesehen werden. Gebet darf keine fromme Zurschaustellung sein. Es geht um Echtheit und Wahrhaftigkeit. Dieser Text spricht nicht gegen das Gebet in der Öffentlichkeit und gegen die Gebetsgemeinschaft.

(162) Matthäus 7,7.8

Bittet, so wird euch gegeben; suchet, so werdet ihr finden; klopfet an, so wird euch aufgetan. Denn wer da bittet, der empfängt; und wer da sucht, der findet; und wer da anklopft, dem wird aufgetan.

Verheißung:
  „. . . so wird euch gegeben"
  „. . . so werdet ihr finden"
  „. . . so wird euch aufgetan"

Erklärung:
  Mit den Begriffen „gegeben, finden, aufgetan" werden unterschiedliche Bedürfnisse angesprochen.

Bedingung:
  Bitten, um etwas zu bekommen. Suchen, um etwas zu finden. Anklopfen, damit etwas geöffnet werden kann.

Erklärung:
  Das alles wird hier in Verbindung mit dem Gebet gesehen.

Parallel:
  Lukas 11,9.10 (Hier in Verbindung mit dem Gleichnis vom bittenden Freund Verse 5–8).

(163) Matthäus 7,11

Wenn nun ihr, die ihr doch böse seid, dennoch euren Kindern gute Gaben geben könnt, wieviel mehr wird euer Vater im Himmel Gutes geben denen, die ihn bitten.

Verheißung:
  „. . . wieviel mehr wird euer Vater im Himmel Gutes geben"

Bedingung:
  Darum bitten.

Parallel:
  Lukas 11,13 (. . . den Heiligen Geist geben)

(164) Matthäus 9,37–38

Die Ernte ist groß, aber wenige sind der Arbeiter. Darum bittet den Herrn der Ernte, daß er Arbeiter in seine Ernte sende.

Verheißung:
  „. . . daß er Arbeiter in seine Ernte sende"

Bedingung:
Darum bitten.

(165) Matthäus 18,19

Wahrlich, ich sage euch auch: Wenn zwei unter euch eins werden auf Erden, worum sie bitten wollen, so soll es ihnen widerfahren von meinem Vater im Himmel.

Verheißung:
„. . . so soll es ihnen widerfahren von meinem Vater im Himmel"

Bedingung:
1. Zwei Nachfolger Jesu („unter euch") müssen auf der Erde eins werden.
2. Sie müssen eine Bitte aussprechen.

(166) Matthäus 18,20

Denn wo zwei oder drei versammelt sind in meinem Namen, da bin ich mitten unter ihnen.

Verheißung:
„. . . da bin ich mitten unter ihnen"

Bedingung:
Im Namen Jesu versammelt sein.

Erklärung:
Das „denn" am Anfang der Aussage verbindet mit dem vorangegangenen Text. Er handelt vom Gebet. Es ist also hier von der kleinsten Gebetsgemeinschaft die Rede: „zwei oder drei".

(167) Matthäus 21,22

Alles, was ihr bittet im Gebet, wenn ihr glaubt, so werdet ihr's empfangen.

Verheißung:
„. . . alles, was ihr bittet im Gebet, werdet ihr empfangen"

Bedingung:
Glauben und nicht zweifeln (Vers 21).

Parallel:
Markus 11,24 (wird vertieft mit den Worten ... glaubt
nur, daß ihr's empfangt, so wird's euch zuteil werden)

(168) Lukas 18,7.8

Sollte Gott nicht auch Recht schaffen seinen Auserwählten, die
zu ihm Tag und Nacht rufen, und sollte er's bei ihnen lange hin-
ziehen? Ich sage euch: Er wird ihnen Recht schaffen in Kürze.

Verheißung:
„Er wird ihnen Recht schaffen in Kürze"

Bedingung:
1. Zu den Auserwählten, den Kindern Gottes, gehören
2. Anhaltendes und ernstes Gebet

(169) Johannes 9,31

Wir wissen, daß Gott die Sünder nicht erhört; sondern den, der
gottesfürchtig ist und seinen Willen tut, den erhört er.

Verheißung:
„... den erhört er (Gott)"

Bedingung:
Ehrfurcht vor Gott haben und seinen Willen tun.

(170) Johannes 14,13.14

Was ihr bitten werdet in meinem Namen, das will ich tun, damit der Vater verherrlicht werde im Sohn. Was ihr mich bitten
werdet in meinem Namen, das will ich tun.

Verheißung:
„... das will ich tun"

Bedingung:
Bitten im Namen Jesu in der Gesinnung, daß dadurch der
Vater und der Sohn verherrlicht wird.

Erklärung:
„Im Namen Jesu" meint: in Übereinstimmung mit seinem
Willen, seinen Plänen und seinen Zielen.

(171) Johannes 15,7

Wenn ihr in mir bleibt und meine Worte in euch bleiben, werdet ihr bitten, was ihr wollt, und es wird euch widerfahren.

Verheißung:
> „. . . werdet ihr bitten, was ihr wollt, und es wird euch widerfahren"

Bedingung:
> In der Gemeinschaft mit Jesus Christus bleiben und dem Wort Gottes in uns Raum geben, daß es unser Denken, Fühlen und Wünschen prägen kann.

(172) Johannes 15,16

Nicht ihr habt mich erwählt, sondern ich habe euch erwählt und bestimmt, daß ihr hingeht und Frucht bringt und eure Frucht bleibt, damit, wenn ihr den Vater bitten werdet in meinem Namen, er's euch gebe.

Verheißung:
> „. . . er's (der Vater) euch gebe"

Bedingung:
> So in der Hingabe und Einsatzbereitschaft leben, daß wir Frucht für die Ewigkeit bringen.

(173) Johannes 16,23.24

Wahrlich, wahrlich, ich sage euch: Wenn ihr den Vater etwas bitten werdet in meinem Namen, wird er's euch geben. Bisher habt ihr um nichts gebeten in meinem Namen. Bittet, so werdet ihr nehmen, daß eure Freude vollkommen sei.

Verheißung:
> 1. „. . . wird er's euch geben"
> 2. „Bittet, so werdet ihr nehmen"

Bedingung:
> Bitten im Namen Jesu.

(174) Römer 8,26

Desgleichen hilft auch der Geist unserer Schwachheit auf. Denn wir wissen nicht, was wir beten sollen, wie sich's gebührt; sondern der Geist selbst vertritt uns mit unaussprechlichem Seufzen.

Verheißung:
> „... der Geist vertritt uns mit unaussprechlichem Seufzen"

Bedingung:
> Abhängigkeit vom Heiligen Geist erkennen und bejahen.

(175) 1. Petrus 3,12

Denn die Augen des Herrn sehen auf die Gerechten, und seine Ohren hören auf ihr Gebet.

Verheißung:
> „... und seine Ohren hören auf ihr Gebet"

Bedingung:
> Gerecht sein. Beachten Sie das Kapitel „... und werden ohne Verdienst gerecht".

(176) 1. Johannes 3,22

... und was wir bitten, werden wir von ihm empfangen; denn wir halten seine Gebote und tun, was vor ihm wohlgefällig ist.

Verheißung:
> „... und was wir bitten, werden wir von ihm empfangen"

Bedingung:
> Seine Gebote halten und das tun, was ihm gefällt. Das setzt voraus, daß wir auf „Empfang" eingestellt sind und bereit sind, das Erkannte auch zu tun.

(177) 1. Johannes 5,14

Das ist die Zuversicht, die wir haben zu Gott: Wenn wir um etwas bitten nach seinem Willen, so hört er uns. Und wenn wir wissen, daß er uns hört, worum wir auch bitten, so wissen wir, daß wir erhalten, was wir von ihm erbeten haben.

Verheißung:
„. . . daß wir erhalten, was wir von ihm erbeten haben"

Bedingung:
Unsere Bitten müssen seinem Willen entsprechen und von der inneren Gewißheit der Erhörung bestimmt sein.

(178) 1. Johannes 5,16

Wenn jemand seinen Bruder sündigen sieht, eine Sünde nicht zum Tode, so mag er bitten, und Gott wird ihm das Leben geben – denen, die nicht sündigen zum Tode.

Verheißung:
„. . . und Gott wird ihm das Leben geben."

Erklärung:
Es ist eine Fürbitteverheißung. Sie ermutigt uns, für Brüder oder Schwestern zu beten, die in Sünde gefallen sind. „Das Leben geben" heißt wohl, daß Gott eine Chance zur Umkehr gibt.

(179) Jakobus 1,5

Wenn es aber jemand unter euch an Weisheit mangelt, so bitte er Gott, der jedermann gern gibt und niemand schilt; so wird sie ihm gegeben werden.

Verheißung:
„. . . so wird sie (Weisheit) ihm gegeben werden"

Bedingung:
Gott konkret und vertrauensvoll (Vers 6–7) darum bitten.

(180) Jakobus 5,15

Und das Gebet des Glaubens wird dem Kranken helfen, und der Herr wird ihn aufrichten; und wenn er Sünden getan hat, wird ihm vergeben werden.

Verheißung:
„. . . wird dem Kranken helfen"
„. . . der Herr wird ihn aufrichten"
„. . . wird ihm vergeben werden"

Erklärung:
Beachten Sie bitte auch die Anleitungen in Vers 15. Die dritte Verheißung: „wird ihm vergeben werden", muß hier in Verbindung mit der Krankheit gesehen werden. Wenn der auslösende Faktor der Krankheit Sünden waren, dann werden dem Kranken diese Sünden vergeben (siehe Lukas 5,20 und Johannes 5,14).

(181) Jakobus 5,16

Bekennt also einander eure Sünden und betet füreinander, daß ihr gesund werdet.

Verheißung:
 „. . . daß ihr gesund werdet"

Bedingung:
 Gegenseitiges Bekennen der Sünde und Füreinander-Beten. Möglicherweise ist hier besonders an Sünde gedacht, die die Gebetsgemeinschaft behindert; an Unversöhnlichkeit, Antipathie, Afterreden, Neid u. a.

(182) Jakobus 5,16

Des Gerechten Gebet vermag viel, wenn es ernstlich ist.

Verheißung:
 „Des Gerechten Gebet vermag viel . . ."

Bedingung:
 Es ist vom Gebet des „Gerechten" die Rede, also eines Menschen, der ein Nachfolger Jesu ist. Die besondere Betonung liegt auf dem Begriff „ernstlich", im Grundtext „energeia", davon ist der Begriff „energisch" abgeleitet, d. h. unnachgiebig, mit Einsatz und Hingabe. Siehe auch den nachfolgenden Hinweis auf Elia (1. Könige 18,42–44).

Auch die kleinen Dinge

Die ganze Familie war auf der Suche. Wo war es bloß hingekommen, das kleine Seidenröllchen und das Stoffmuster? Unsere Tochter sprach davon, daß sie es irgendwo im Wohnzimmer abgelegt hatte. Und nun war es spurlos verschwunden.

Peinlich und ärgerlich, denn die Meisterin hatte es ihr am Abend zuvor in die Hand gedrückt und ihr den Auftrag gegeben, in einem Fachgeschäft die passende Seide für eine Applikation zu besorgen. Die Muster waren unbedingt erforderlich und die Meisterin würde das nicht so ohne weiteres hinnehmen.

„Du hast es bestimmt weggeworfen", mußte ich hören. Und das war nicht auszuschließen, denn ich beseitige gewöhnlich schnell die Dinge, die herumliegen und wertlos aussehen. So machte ich mich am Mülleimer zu schaffen. Ich deckte Schicht für Schicht ab und suchte nach den verlorenen Dingen. Aber da war nichts zu entdecken.

Das Frühstück stand auf dem Tisch, und in einer halben Stunde fuhr der Bus.

Erst jetzt, als wir diskutierend und aufgeregt um den Tisch saßen, kam uns der Gedanke zu beten. Seltsam, daß wir nicht schon eher daran dachten. Hatte nicht Jesus versprochen: „Alles, was ihr bittet im Gebet, so ihr glaubt, werdet ihr's empfangen"? So formulierte ich die Bitte: „Herr Jesus Christus, Du weißt, wo das Röllchen liegt, und Du kannst uns dahin führen. Wir bitten dich darum."

Ich war fest davon überzeugt, daß uns jetzt beim Öffnen irgendeiner Schublade das Stoffmuster und das Röllchen in die Hände fallen würden. Aber auch die schnell anberaumte Suchaktion nach diesem Gebet blieb erfolglos. Es war wirklich kein fröhliches Frühstück, denn jeder war mit den verlorenen Gegenständen beschäftigt. Irgendwo mußten sie doch liegen.

Unsere Tochter hatte sich zum Gehen fertig gemacht, und ihr Stimmungsbarometer war unter Null.

„Zieh deine Handschuhe an", sagte meine Frau zu ihr. „Es ist kalt heute", und griff nach ihnen. Und plötzlich kam mit den Handschuhen auch das Seidenröllchen und das Stoffmuster zum Vorschein. Erleichterung und Staunen zugleich. Gott hatte im letzten und richtigen Augenblick unser Gebet erhört.

Wir konnten nur noch gemeinsam ein schnelles „Danke, Herr Jesus, für deine Hilfe" formulieren, dann stürmte Elisabeth erleichtert davon.

Verheißungsgruppe 4:

Von der Brauchbarkeit für Christus

17. . . . daß ihr heilig werdet

„Nun aber, da ihr von der Sünde frei und Gottes Knechte geworden seid, habt ihr darin eure Frucht, daß ihr heilig werdet; das Ende aber ist das ewige Leben" (Römer 6,22).

Was ist Heiligung nicht? Heiligung ist nicht harte Arbeit am Charakter. Heiligung ist nicht ein intensives und gekonntes Ausbügeln der häßlichen Falten des Lebens. Heiligung ist nicht Einübung in einen christlichen Lebensstil.
Was ist Heiligung? Heiligung ist ein Umgestaltetwerden in das „Bild Jesu" durch die Kraft des Heiligen Geistes.
Ich kenne keine bessere Erklärung und Deutung für diesen Lebensprozeß wie die, die Sie in 2. Korinther 3,18 finden:
„. . . wir werden verwandelt in sein Bild von einer Herrlichkeit zur anderen von dem Herrn, der der Geist ist."
„. . . verwandelt in sein Bild", das ist die zentrale Aussage dieses Bibelwortes, und das ist das zentrale Geschehen durch die Heiligung. Klarer und klassischer kann das nicht ausgedrückt werden.
Zuerst wird das Ziel der Heiligung gezeigt: *„. . . verwandelt in SEIN BILD."* Christen sollen werden wie Christus. Seine Liebe, seine Hingabe, seine Opferbereitschaft, seine Vollmacht, seine Barmherzigkeit, seine Demut – kurz: sein ganzes Sein ist Modell für unser Leben. Bei diesem Umgestaltungsprozeß macht Gottes Geist keine Versuche, hier werden keine Entwürfe gefertigt und es wird nicht experimentiert. Wie der Nachfolger Jesu sein soll, ist für immer festgelegt. Jesus Christus ist das „Vorbild", das Bild, das vor Gott steht, wenn er uns sieht. Hören Sie auf diesem Hintergrund die erste Aussage der Bibel über den Menschen:
„Und Gott sprach: Lasset uns Menschen machen, ein Bild, das uns gleich sei . . . Und Gott schuf den Menschen zu seinem Bilde, zum Bilde Gottes schuf er ihn" (1. Mose 1,26.27).
„Zu seinem Bild", das war der ursprüngliche Entwurf Gottes, aber der Sündenfall hat dieses „Bild Gottes" zerstört.
Heiligung ist die Wiederherstellung der ursprünglichen Schöpfung des Menschen. Und weil Jesus Christus gesagt hat: *„Wer*

mich sieht, der sieht den Vater!", ist eindeutig, wie wir sein sollen. Sein wie Jesus, ist Gottes Plan. So will der Vater alle seine Kinder haben.

Dann ist in diesem Text von einem Prozeß die Rede: *"... verwandelt in sein Bild von einer Herrlichkeit zur andern."* Beachten Sie bitte die Begriffe *"verwandeln"* und *"von – zu"*. Heiligung ist kein Zauberakt, Heiligung ist kein plötzliches Ereignis, Heiligung ist kein "Über-Nacht-Geschehen" im Hau-ruck-Verfahren. Heiligung ist ein lebenslanger Prozeß, der erst in der Ewigkeit vollendet sein wird. Keiner wird auf dieser Erde sein wie Jesus. Das kann immer nur Sehnsucht sein, immer nur Wunsch, immer nur ein tiefes Verlangen, und das soll und muß es auch sein. Wo Christsein echt ist, wo Gottes Geist als Veränderer an uns arbeiten kann, da wird es Tag für Tag "Erneuerung" geben, wie die Bibel es verspricht (2. Korinther 4,16).

Eindeutig ist auch, wer der Umgestalter ist, wer die verwandelnde Kraft gibt, wer diesen Lebensprozeß bewirkt: Gottes Heiliger Geist. *"... von dem Herrn, der der Geist ist"*, sagt die Heilige Schrift. Es ist derselbe Geist, der an der Schöpfung beteiligt war. Damals *"brütete er über dem Wasser"* (1. Mose 1,2). Und es ist der Geist, der die ängstlichen und verwirrten Jünger zu kraftvollen Zeugen Jesu machte: *"Sie wurden alle erfüllt von dem Heiligen Geist"* (Apostelgeschichte 2,4). Dieser Heilige Geist heiligt. Und weil es Gottes Geist tut, ist diese Heiligung keine "Schönheitsoperation", und sie ist erst recht kein religiöses Make-up, kein frommer Anstrich, sondern sie ist ein Geschehen, das sich in den tiefsten Schichten unseres Personseins ereignet, es ist ein Wachstumsprozeß des neuen Menschen (Epheser 4,15).

Noch eins muß dabei betont werden: Es geschieht nicht ohne unser Einverständnis, es ereignet sich nicht ohne unseren Willen, es vollzieht sich nicht ohne unser "Mitbeteiligtsein". Davon sprechen deutlich die biblischen Heiligungstexte:

"... so gebt nun eure Glieder hin in den Dienst der Gerechtigkeit, daß sie heilig werden" (Römer 6,19).

"Nun aber schauen wir alle mit aufgedecktem Angesicht die Herrlichkeit des Herrn ..." (2. Korinther 3,18).

Das sind Aufforderungen. Wenn ich nicht meine Hände Jesus zur Verfügung stelle und sie für ihn gebrauche, dann werden sie nicht heilig. Wenn ich nicht mit innerer Offenheit Jesus anschaue im Gebet, im Lesen seines Wortes, in liebender Hingabe, dann werde ich nicht verwandelt.

Und das alles beginnt mit der Wiedergeburt. Sie ist das Starter-ereignis der tiefgreifendsten Veränderung, die es gibt, deren Ziel Vollkommenheit ist – sein wie Jesus. Im 1. Johannesbrief 3,2 wird gesagt, wann wir dieses Ziel erreichen werden: „. . . *dann werden wir ihm gleich sein; denn wir werden ihn sehen, wie er ist.*"

(183) Römer 6,19

Wie ihr eure Glieder hingegeben hattet an den Dienst der Un-reinheit und Ungerechtigkeit zu immer neuer Ungerechtigkeit, so gebt nun eure Glieder hin an den Dienst der Gerechtigkeit, daß sie heilig werden.

Verheißung:
> „. . . daß sie (die Glieder des Menschen – Hände, Augen, Zunge, Füße usw.) heilig werden"

Bedingung:
> Die Glieder Jesus Christus zur Verfügung stellen, daß er sie gebrauchen kann.

(184) Römer 6,22

Nun aber, da ihr von der Sünde frei und Gottes Knechte gewor-den seid, habt ihr darin eure Frucht, daß ihr heilig werdet; das Ende (Ziel) aber ist das ewige Leben.

Verheißung:
> „. . . daß ihr heilig werdet"

Erklärung:
> Die Heiligung der Persönlichkeit, die Umgestaltung des Lebens, wird hier als Prozeß dargestellt. Es ist eine Um-formung des Seins, die durch Gottes Geist geschieht.

Bedingung:
> Eine immer neue Bereitschaft, „Gottes Knecht" zu sein, Dienstbereitschaft durch Lebenshingabe an Jesus Chri-stus.

(185) Römer 8,11

Wenn nun der Geist dessen, der Jesus von den Toten auferweckt hat, in euch wohnt, so wird er, der Christus von den Toten auferweckt hat,, auch eure sterblichen Leiber lebendig machen durch seinen Geist, der in euch wohnt.

Verheißung:
„. . . auch eure sterblichen Leiber lebendig machen"

Erklärung:
Der Kontext zeigt, daß es nicht um das „lebendig machen" des Leibes bei der Auferstehung geht, sondern um die Befähigung unseres „sterblichen, irdischen Leibes" zum Dienst für Gott. Beispiel: Apostelgeschichte 5,12 „Es geschahen aber viele Zeichen und Wunder im Volk durch die HÄNDE der Apostel".

Bedingung:
Daß der Heilige Geist in uns ist und wir sein Tun nicht durch Ungehorsam, Egoismus oder Ängstlichkeit hindern.

(186) 1. Korinther 10,23

Alles ist erlaubt, aber nicht alles dient zum Guten. Alles ist erlaubt, aber nicht alles baut auf.

Verheißung:
„Alles ist erlaubt"

Einschränkung:
„. . . aber nicht alles dient zum Guten"
„. . . aber nicht alles baut auf"

Erklärung:
Beachten Sie den Kontext. Gottes Wort greift hier die „Zwielichtbereiche" auf, man könnte sie auch die „Darfman-Fragen" nennen.
Beispiele: Diskothek, Kino, Fernsehen, Tanzkurs, Rauchen, Fußball . . . Jeder Christ wird hier in persönlicher Verantwortung vor Gott die beiden Maßstäbe des Wortes Gottes anlegen müssen: „Dient es zum Guten? Baut es auf? Macht es fit für den Dienst im Reich Gottes? Fördert

es mein geistliches Wachstum? Vertieft es die Gemeinschaft mit Jesus? Hilft es, daß ich Frucht bringe für die Ewigkeit?

(187) 2. Korinther 3,18

Nun aber schauen wir alle mit aufgedecktem Angesicht die Herrlichkeit des Herrn wie in einem Spiegel, und wir werden verklärt (Grundtext „METAMORPHOO" – umgestalten, verwandeln) in sein Bild von einer Herrlichkeit zur andern von dem Herrn, der der Geist ist.

Verheißung:
> „... wir werden umgestaltet in sein Bild von einer Herrlichkeit zur andern"

Bedingung:
> Mit „aufgedecktem Angesicht die Herrlichkeit des Herrn schauen".

Erklärung:
> Der vom Geist wiedergeborene Mensch ist in der Lage, Jesus Christus mit den Augen des Herzens zu schauen. Das geschieht im betenden Lesen des Wortes Gottes. Das geschieht im Gebet, besonders in der Anbetung. Das geschieht im Denken an ihn, in der Gemeinschaft mit ihm. Dabei ist „schauen" das zentrale Wort. Es darf kein oberflächliches, kein schnelles Nur-Hinschauen sein, sondern ein Betrachten. So, wie wenn jemand bewegt und staunend vor einem Bild steht und es immer wieder betrachtet.

(188) 2. Korinther 4,16

Darum werden wir nicht müde; sondern wenn auch unser äußerer Mensch verfällt, so wird doch der innere von Tag zu Tag erneuert.

Verheißung:
> „... so wird doch der innere (Mensch) von Tag zu Tag erneuert"

Erklärung:
> Nur Wiedergeborene haben einen „inneren Menschen".

Er wurde durch die Wiedergeburt ins Sein gerufen, und er ist das eigentliche Christsein.

(189) 2. Korinther 7,10

Die Traurigkeit nach Gottes Willen wirkt zur Seligkeit eine Reue, die niemand reut.

Verheißung:

> „. . . wirkt zur Seligkeit (Rettung) eine Reue, die niemand reut"

Erklärung:

> Der Apostel hatte in seinem vorangegangenen Schreiben auf Mißstände (unheiliges Verhalten) in der Gemeinde aufmerksam gemacht. Das hat die Gläubigen in Korinth in „Traurigkeit" versetzt, aber zugleich zur „Reue", zur Umkehr gebracht. Das Ziel aller Ermahnung und jeder Form von Strafe in der Gemeinde ist Heiligung.

Bedingung:

> Zu Reue und wahrer Umkehr bereit sein.

(190) Galater 5,16

Lebt im Geist, so werdet ihr die Begierden des Fleisches nicht vollbringen.

Verheißung:

> „. . . so werdet ihr die Begierden des Fleisches nicht vollbringen"

Bedingung:

> Unter der Regie des Heiligen Geistes leben.

(191) Philipper 2,13

Denn Gott ist's, der in euch wirkt beides, das Wollen und das Vollbringen, nach seinem Wohlgefallen.

Verheißung:

> „Denn Gott ist's, der in euch wirkt beides, das Wollen und das Vollbringen . . ."

Erklärung:
  Durch diese Verheißung wird nicht der Mensch in seinem
  Handeln und seiner Mitverantwortung an der Heiligung
  zur Seite gestellt, denn zwischen dem Wollen, das Gott in
  unser Herz legt, und dem Vollbringen, das er wirkt, liegt
  unsere Bereitschaftserklärung, unser Ja, das Zur-Verfü-
  gung-Stellen unserer Hände zum Dienst und unseres
  Herzens zur Liebe und unserer Füße zum Gehen . . .

(192) Kolosser 3,10

Ihr habt den neuen Menschen angezogen, der erneuert wird
zur Erkenntnis nach dem Ebenbild dessen, der ihn geschaffen
hat.

Verheißung:
  „. . . der erneuert wird zur Erkenntnis nach dem Ebenbild
  dessen (Jesus Christus), der ihn geschaffen hat"

Bedingung:
  „Den neuen Menschen angezogen haben", d. h. von
  neuem geboren sein und in der Heiligung leben.

(193) 1. Thessalonicher 5,23.24

Er aber, der Gott des Friedens, heilige euch durch und durch
und bewahre euren Geist samt Seele und Leib unversehrt, untadelig für die Ankunft unseres Herrn Jesus Christus. Treu ist er,
der euch ruft; er wird's auch tun.

Verheißung:
  „. . . er (Gott) wird's auch tun"

Erklärung:
  Gemeint ist der in Vers 23 ausgesprochene Wunsch „hei-
  lige euch durch und durch und bewahre euren Geist samt
  Seele und Leib". Der Wunsch wird zur Verheißung.

Bedingung:
  Beachten Sie bitte das „euch".

(194) 2. Timotheus 2,21

Wenn nun jemand sich reinigt von solchen Leuten, der wird ein Gefäß sein zu ehrenvollem Gebrauch, geheiligt, für den Hausherrn brauchbar und zu allem guten Werk bereitet.

Verheißung:
>„... der wird ein Gefäß sein zu ehrenvollem Gebrauch, geheiligt, für den Hausherrn brauchbar und zu allem guten Werk bereitet"

Bedingung:
>Sich von Menschen fernhalten, die Schwätzer sind, die leere und sinnlose Dinge reden, falsche Lehren verbreiten und überall Verwirrung anrichten. Beachten Sie die Verse 14–17.

(195) 2. Petrus 1,4

Durch sie („göttliche Kraft" – Vers 3) sind uns die teuren und allergrößten Verheißungen geschenkt, damit ihr dadurch Anteil bekommt an der göttlichen Natur, die ihr entronnen seid der verderblichen Begierde der Welt.

Verheißung:
>„... damit ihr dadurch Anteil bekommt an der göttlichen Natur"

Bedingung:
>Der nur auf das Diesseitige ausgerichteten Gesinnung den Rücken kehren durch eine klare Bekehrung, die alle Lebensbereiche einschließt.

Voraussetzung:
>Das Geschenk der Verheißungen Gottes.

Kennst du den?

... so fragte mich einer meiner jungen Freunde und sah mich dabei erwartungsvoll an. Ich nahm das Foto zur Hand und betrachtete es eingehend. Ich war mir nicht ganz sicher. Irgend etwas kam mir bekannt vor.
„Du kennst ihn bestimmt", sagte er zu mir, und noch einmal bekräftigend: „Du kennst ihn sogar sehr gut."

Jetzt war es mir doch peinlich. Hatte ich so ein schlechtes Erinnerungsvermögen? „Sehr gut" würde ich den jungen Mann auf diesem Foto kennen?

„Entschuldige, aber ich erinnere mich wirklich nicht. Hilf mir auf die Sprünge."

„O. K.", sagte er, „der Typ steht vor dir."

Jetzt war ich wirklich überrascht. Mir blieb die Sprache weg.

„Unmöglich", brachte ich schließlich heraus.

„Doch", entgegnete er. „So sah ich vor zwei Jahren aus. Und so sah auch mein Leben aus."

Ich begann zu vergleichen. Die Haare hingen wirr ins Gesicht. Ein unruhiger, geradezu dunkler Blick. Der Gesichtsausdruck hart und kalt. Das Gegenteil von jetzt. Das freundliche Lächeln, die klaren Augen, alles an ihm war vertrauenerweckend.

Als er meine erstaunten Blicke sah, sagte er: „Das hat Jesus getan. Zwei Jahre Leben mit ihm, das verändert."

In der Tat, so deutlich hatte ich das noch nirgends gesehen. Hier war Gottes Heiliger Geist am Werk. Das war unverkennbar.

Kurze Zeit danach haben wir miteinander gebetet und Jesus für dieses Wunder der Verwandlung gedankt.

18. . . . der wird erhöht werden

„Wer sich selbst erniedrigt, der wird erhöht" (Matthäus 23,12).

„Heiße Eisen" sind die folgenden Verheißungen. Es ist von *„sich selbst erniedrigen"* die Rede, von der Bereitschaft, *„der Letzte zu sein"*, und es wird gesagt: *„Demütigt euch vor dem Herrn"*. Das alles geht uns gegen den Strich. Unser Ich rebelliert. Wir lehnen uns dagegen auf. Der Mensch will etwas sein, er möchte im Mittelpunkt stehen und anerkannt werden. Selbstverwirklichung und Ichfindung sind die Modeworte unserer Zeit.

Führt eine solche Lebenseinstellung, wie sie in diesen Verheißungen erwartet wird, nicht zu handfesten Mikos (Minderwertigkeitskomplexen)? Gibt das am Ende nicht die bedauernswerten frommen Outsider, die lebensuntüchtig sind und in unserer Leistungsgesellschaft ins Abseits gedrängt werden?

Bevor Sie urteilen, sollten Sie auch den zweiten Teil dieser biblischen Worte hören: *„. . . der wird erhöht"*, *„Wenn jemand will der Erste sein . . ."*, *„. . . so wird er euch erhöhen"*. **Sich selbst** erhöhen oder von **Gott erhöht werden**, das ist die Frage. Und damit stehen wir im Zentrum dieser Verheißungen. Gott will seine Leute *„erhöhen"*, Gott will seinen Kindern *„einen Namen machen"* (1. Mose 12,2). Gott hat auch Jesus Christus *„erhöht und hat ihm den Namen gegeben, der über alle Namen ist"* (Philipper 2,9). Aber zuerst erniedrigte sich Jesus. Als der Sohn Gottes wurde er Mensch, und er war bereit, für die Sünden der Menschen sein Leben zu opfern. Die Bibel sagt: *„Er erniedrigte sich selbst und ward gehorsam bis zum Tode, ja zum Tode am Kreuz"* (Philipper 2,8).

Aber der darauf folgende Vers beginnt mit einem alles verändernden *„Darum"*: *„Darum hat ihn auch Gott erhöht"*. Und genau das hat Gott auch mit seinen Kindern vor, mit seinen Söhnen und Töchtern. Auch sie will er erhöhen, wenn sie bereit sind, den „untersten Weg" zu gehen, wenn sie bereit sind, sich zu demütigen, wenn sie bereit sind, zu dienen, zu leiden und Lasten zu tragen.

„Erhöhen" und *„der Erste sein"*, das hat nichts mit Karriere zu tun, nichts mit Ruhm und Anerkennung. „Der Erste sein" und von Gott „erhöht" werden, das heißt, ein Segen für andere zu werden, ein Mensch zu sein, der mit Gottes Vollmacht ausgerüstet ist, der andere tröstet und aufrichtet. Wollen Sie ein Mensch sein, den Gott gebrauchen kann? Dann üben Sie die folgenden Verheißungen ein:

(196) Matthäus 23,12

Wer sich selbst erniedrigt, der wird erhöht.

Verheißung:
„. . . der wird erhöht"

Bedingung:
Sich selbst erniedrigen.

Erklärung:
Das „Selbst", das „Ich" entthronen, aus dem Mittelpunkt rücken. Das ist das „Nein" zur Selbstverwirklichung und das ungeteilte „Ja" zur Christusverwirklichung.

Parallel:
Lukas 14,11

(197) Markus 9,35

Wenn jemand will der Erste sein, der soll der Letzte sein von allen und aller Diener.

Verheißung:
„. . . der Erste sein"

Erklärung:
Der Kontext muß beachtet werden: „Der Rangstreit der Jünger". Schon der Wunsch, der Erste zu sein, ist eine völlig falsche Einstellung. Im Reich Gottes, in der Gemeinde, gelten andere Maßstäbe wie in der Welt. Aber es gibt auch ein geistliches an der Spitze stehen, und davon spricht Jesus hier.

Bedingung:
Nicht nach Anerkennung, Ehre und Ruhm streben. Be-

reitschaft zum Dienst. Nur so kann Gott segnen und gebrauchen.

Parallel:

Markus 10,43.44/Lukas 22,26

(198) Jakobus 4,10

Demütigt euch vor dem Herrn, so wird er euch erhöhen.

Verheißung:

„. . . so wird er euch erhöhen"

Bedingung:

Sich vor Gott demütigen, eingestehen, daß Sie absolut von ihm abhängig sind, daß alles, was Sie ohne ihn tun, unbrauchbar ist.

Gott war mit uns

Wir freuten uns auf unser neues Arbeitsfeld. Da war erstens der Auftrag, missionarisch zu arbeiten, und zweitens sollten wir einen neuen Gemeindebezirk gründen. Es war sozusagen eine Pionierarbeit, und das alles an einem sehr interessanten Ort. Ich arbeitete schon an den Dienstplänen und hatte ein beinah fertiges Konzept. Doch dann kam alles ganz anders, und zwar so, wie wir es uns nicht gewünscht und vorgestellt hatten.

Am zweiten Tag der jährlichen Konferenz nahm mich der zuständige Superintendent zur Seite und teilte mir mit, daß die geplante Dienstzuweisung nicht zu realisieren sei. Die Gründe, die er mir nannte, waren einleuchtend. Danach sprach er von einer Gemeinde, die ein neues Gemeindezentrum mit Kirche und Wohnhaus gebaut hatte. „Ihr werdet euch dort wohl fühlen", sagte er.

Es fiel mir zwar schwer, das so zu akzeptieren, aber ich fügte mich und teilte meiner Frau den neuen Beschluß mit.

Einen Tag danach aber kam mein Vorgesetzter nochmals auf mich zu. Diesmal war er wirklich verlegen, als er mir mitteilte, daß es auch bei diesem Versetzungsplan Schwierigkeiten gäbe. Das für die Gemeinde zuständige Gremium wollte keinen so jungen und unerfahrenen Pastor wie mich. „Es tut mir leid", sagte er, und dann nannte er mir den neuen Dienstort. Ich erschrak und fragte nochmals nach, denn das konnte doch wohl nicht möglich sein. Einige Wochen zuvor war ich an diesem Ort gewesen und hatte im Vorbeigehen das Gemeindehaus gesehen. Der kaputte und windschiefe Schaukasten fiel mir zuerst auf, dann das alte und unansehnliche Gebäude. Ich hörte auch sonst einige entmutigende Dinge über die Gemeinde und über die finanzielle Situation. War das wirklich Gottes Weg, oder war das eine Fehlentscheidung des Kabinetts? Ich rief meine Frau an und teilte ihr den Tatbestand mit. Und dann sagten wir nach Gebet „ja". Es war demütigend für uns, aber wir wollten es im Glauben wagen.

Auch für diese Gemeinde kam der Pastorenwechsel überraschend und ungelegen. Der bisherige Gemeindepastor war erst vier Jahre auf dem Bezirk. Er hatte einige Umbauarbeiten zum großen Teil in Eigenleistung vorgenommen und wollte jetzt Gemeinde „bauen". Kein Wunder, daß der Gemeindevertreter das ganz offen im Einführungsgottesdienst aussprach: „Wir haben Sie nicht gewollt." Wir aber gingen trotz allem fröhlich an die Arbeit, und Gott begann zu segnen. Hunderte kamen in den folgenden Jahren zum Glauben an Jesus Christus, und viele von ihnen sind heute in verschiedenen Kontinenten als Missionare tätig. Nie wieder haben wir eine so bewegte und erfüllte Zeit erlebt wie an diesem Ort. Es begann mit Demütigung, aber danach hat Gott „erhöht".

19. ... so werdet ihr empfangen die Gabe des Heiligen Geistes

„Tut Buße, und jeder von euch lasse sich taufen auf den Namen Jesu Christi zur Vergebung eurer Sünden, so werdet ihr empfangen die Gabe des Heiligen Geistes" (Apostelgeschichte 2,38).

Der Heilige Geist ist die dritte Person der Gottheit: Gott, der Vater, Gott, der Sohn, Gott, der Heilige Geist. Er ist also nicht ein Es, sondern ein Er. Der Heilige Geist ist Person. Manche vertreten die Meinung, als könnte man mehr oder weniger von Gottes Heiligem Geist haben. Das ist ein Irrtum. Sie können mehr oder weniger von einer „Flüssigkeit" haben, also von einem „es", aber sie können nicht mehr oder weniger von einer Person haben.

Wenn ich als Person einen Raum betrete, dann bin ich mit allem gegenwärtig, was ich bin. Ich kann nicht einen Teil von mir, zum Beispiel einen Teil meines Wissens oder meines Gefühls oder meines Körpers außerhalb lassen.

Richtig ist, daß sich Gottes Geist unterschiedlich in Menschen entfalten kann, in dem einen mehr und in einem anderen weniger. Die entscheidende Frage ist also nicht: habe ich mehr oder weniger Heiligen Geist, sondern die entscheidende Frage ist: Kann sich der Geist Gottes in mir und dann auch durch mich hindurch entfalten? Kann er das tun, was er gern tun möchte? Kann er verändernd in mein Leben eingreifen, oder setze ich ihm durch Eigensinn, Mißtrauen, Unkenntnis, Egoismus und Sünde Grenzen?

Ein Beispiel soll das eben Gesagte verdeutlichen: Ein Künstler mietet eine möblierte Wohnung. Der Besitzer legt im Mietvertrag fest, daß an der Wohnung nichts verändert werden darf. Die Möbel dürfen nicht verstellt werden. Die Wände müssen leer bleiben. Keine Bilder, keine anderen Leuchten, nichts. Damit sind dem Künstler die Hände gebunden. Er hat viele Ideen, aber seiner Kreativität und seinem Können sind absolute Grenzen gesetzt. Schrecklich, ein solcher Gedanke. Wie ganz anders würde die Wohnung aussehen, wenn der Vermieter ihm Freiheit zur Entfaltung geben würde.

Bringen Sie dieses Beispiel mit dem Heiligen Geist in Verbindung. Der Christ, in dem jetzt Gottes Geist wohnt, kann den Geist Gottes einengen, ihm Grenzen setzen, ihn an der Umgestaltung des Lebens hindern.

Ich wiederhole: Wenn jemand sein Leben Jesus Christus anvertraut, kommt der Heilige Geist in sein Inneres und bringt in seiner Person alles mit, was er ist und was er geben kann.

Beachten Sie bitte auch das, was der Apostel Paulus im Blick auf den Heiligen Geist und den Leib eines Christen schreibt: *„Wißt ihr nicht, daß euer Leib ein Tempel des Heiligen Geistes ist, der in euch ist und den ihr von Gott habt?"* (1. Korinther 6,19).

In der Tat, manche Christen scheinen nicht zu wissen, daß in ihnen der Heilige Geist wohnt, die dritte Person der Gottheit, der *„Tröster"*, wie Jesus ihn nennt, der, der uns *„in alle Wahrheit"* führen kann (Johannes 16,13). Die Auswirkung einer solchen Unwissenheit ist, daß der Christ dann auch nicht mit Gottes Geist rechnet und daß er die Gaben des Geistes nicht zum Einsatz bringt. Gottes Geist möchte Sie vielfältig beschenken, und er möchte Ihr Leben in wunderbarer Weise prägen – davon sprechen die Verheißungen, in denen vom Heiligen Geist die Rede ist.

In der Bibel ist von den Früchten des Geistes die Rede (Galater 5,22.23), und sie spricht von Gaben des Geistes (1. Korinther 12,1–11). Früchte des Geistes reifen im Laufe des Christseins durch Hingabe an Jesus Christus und Gehorsam. Die Gaben des Geistes sind ein Geschenk, das entdeckt, das eingeübt und das zum Einsatz gebracht werden muß.

Es gibt keine „unbegabten" Christen. Wie könnte das auch der Fall sein bei einem so begabten und intelligenten Vater, der der Schöpfer des gesamten Universums ist.

Wenn sich Gottes Geist in Ihnen entfalten kann, dann werden sich Gaben entfalten und Früchte reifen, und es wird auch in Ihrem Leben wahr werden, was der Apostel Paulus an die Gemeinde in Korinth schrieb:

„Ich danke meinem Gott allezeit euretwegen für die Gnade Gottes, die euch gegeben ist in Christus Jesus, daß ihr durch ihn in allen Stücken reich gemacht seid . . ." (1. Korinther 1,4.5).

(199) Johannes 14,16–17

Und ich will den Vater bitten, und er wird euch einen andern Tröster (Fürsprecher oder Beistand, den Heiligen Geist) geben, daß er bei euch sei in Ewigkeit: den Geist der Wahrheit, den die Welt nicht empfangen kann, denn sie sieht ihn nicht und kennt ihn nicht. Ihr kennt ihn, denn er bleibt bei euch und wird in euch sein.

Verheißung:
> „... er (Gott der Vater) wird euch einen andern Tröster geben, daß er bei euch sei in Ewigkeit"
> „... er wird in euch sein"

Erklärung:
> Diese Verheißung erfüllte sich bei den Jüngern damals am ersten Pfingstfest in Jerusalem (Apostelgeschichte 2,1–4). Heute empfängt jeder den Heiligen Geist, der Jesus Christus in sein Leben aufnimmt und von neuem geboren wird.

(200) Johannes 14,26

Aber der Tröster, der Heilige Geist, den mein Vater senden wird in meinem Namen, der wird euch alles lehren und euch an alles erinnern, was ich euch gesagt habe.

Verheißung:
> „... der wird euch alles lehren"
> „... der wird euch an alles erinnern, was ich euch gesagt habe"

Erklärung:
> Diese beiden Verheißungen gelten in erster Linie den Jüngern Jesu damals. Aber in übertragenem Sinn auch den Nachfolgern Jesu heute. Es ist immer der Heilige Geist, der uns in bestimmten Situationen an Worte der Bibel erinnert, und es ist immer der Heilige Geist, der uns das Wort Gottes verständlich macht, so daß es uns anspricht, ermutigt und ermahnt.

(201) Johannes 16,8.9

Und wenn er (der Heilige Geist) kommt, wird er der Welt die
Augen auftun über die Sünde und über die Gerechtigkeit und
über das Gericht; über die Sünde: daß sie nicht an mich glauben...

Verheißung:
> „... wird er der Welt die Augen auftun"

Erklärung:
> das ist eine der großen Aufgaben des Heiligen Geistes. Be-
> sonders im missionarischen Bereich muß darauf geachtet
> und damit gerechnet werden.

(202) Johannes 16,13

Wenn aber jener, der Geist der Wahrheit, kommen wird, wird
er euch in alle Wahrheit leiten. Denn er wird nicht aus sich selber reden; sondern was er hören wird, das wird er reden, und
was zukünftig ist, wird er euch verkündigen.

Verheißung:
> „... er wird euch in alle Wahrheit leiten"
> „... was er hören wird, das wird er reden"
> „... was zukünftig ist, wird er euch verkündigen"

Bedingung:
> Jünger Jesu sein, also ein Mensch, der Jesus nachfolgt und
> ihm zur Verfügung steht.

(203) Johannes 16,14

Er (der Heilige Geist) wird mich (Jesus Christus) verherrlichen;
denn von dem Meinen wird er's nehmen und euch verkündigen.

Verheißung:
> „... er wird mich verherrlichen"
> „... er wird es euch verkündigen"

(204) Apostelgeschichte 2,38

Tut Buße, und jeder von euch lasse sich taufen auf den Namen Jesu Christi zur Vergebung eurer Sünden, so werdet ihr empfangen die Gabe des Heiligen Geistes.

Verheißung:
> „... so werdet ihr empfangen die Gabe des Heiligen Geistes"

Erklärung:
> Das Ziel der Buße, der Lebensumkehr und Lebenshingabe an Jesus Christus, ist nicht die Vergebung der Sünden, sondern die Gabe des Heiligen Geistes. Und der Heilige Geist gibt zuerst die Wiedergeburt und macht Menschen zu Kindern Gottes.

Bedingung:
> Buße (Lebensumkehr) und Taufe (Lebenshingabe).

(205) 1. Korinther 12,8–11

Dem einen wird durch den Geist gegeben, von der Weisheit zu reden; dem andern wird gegeben, von der Erkenntnis zu reden, nach demselben Geist; einem andern Glaube, in demselben Geist; einem andern die Gabe, gesund zu machen, in dem einen Geist; einem andern die Kraft, Wunder zu tun; einem andern prophetische Rede; einem andern die Gabe, die Geister zu unterscheiden; einem andern mancherlei Zungenrede; einem andern die Gabe, sie auszulegen. Dies alles aber wirkt derselbe eine Geist und teilt einem jeden das Seine zu, wie er will.

Verheißung:
> „... dem einen wird durch den Geist gegeben ..."

Erklärung:
> Die hier genannten Geistesgaben sind keine vollständige Liste aller Gaben, die Gott gibt. Beachten Sie dabei die Aussage, daß der Heilige Geist die Gaben zuteilt, wie er will, also nicht wie wir wollen.

(206) 2. Korinther 3,6

Der Buchstabe tötet, aber der Geist macht lebendig.

Verheißung:
„. . . der Geist macht lebendig"

Erklärung:
Buchstabe und Geist wird einander gegenübergestellt.
Der Kontext zeigt, daß Paulus mit „Buchstaben" die Gebote meint. Aber auch jeder Satz der Bibel, der ohne den
Heiligen Geist gelesen oder gesprochen wird, tötet. Nur
Gottes Geist kann Gottes Wort lebendig machen.

(207) Galater 3,13.14

Christus aber hat uns erlöst von dem Fluch des Gesetzes, da er
zum Fluch wurde für uns; . . . damit der Segen Abrahams unter
die Heiden komme in Christus Jesus und wir den verheißenen
Geist empfingen durch den Glauben.

Verheißung:
„. . . und wir den verheißenen Geist empfingen"

Bedingung:
Glaube an Jesus Christus.

Erklärung:
Es ist hier nicht von einem besonderen Glauben die Rede,
sondern von dem rettenden Glauben, von dem Glauben,
der uns zu Kindern Gottes macht, von dem Glauben,
durch den wir Jesus Christus in unser Leben aufnehmen.
Mit diesem ersten „Glaubensakt" kommt auch der Heilige Geist in unser Leben.

(208) Galater 5,22.23

Die Frucht des Geistes ist Liebe, Freude, Friede, Geduld,
Freundlichkeit, Güte, Treue, Sanftmut, Keuschheit; gegen all
dies ist das Gesetz nicht.

Verheißung:
„Die Frucht des Geistes ist Liebe . . ."

Es war ein Geschenk des Heiligen Geistes

Das war eindeutig meine schwächste Stelle, Aufsatz und Rechtschreibung. Ich konnte mich anstrengen wie ich wollte, immer ging es daneben. Ich hing jahrelang zwischen Fünf und Sechs. Später, nach meiner ersten Entscheidung für Jesus, ich war damals zwölf, wurde ich in diesen beiden Fächern etwas besser, aber von Durchschnitt konnte nie die Rede sein.

Und nun hatte mich Gott als Pastor in den vollzeitlichen Dienst gerufen. Der Ruf war unüberhörbar, aber konnte das gutgehen? Von einem Pastor wird zuerst erwartet, daß er predigt, und das hat doch etwas mit Aufsatz zu tun. Aber gerade da lag ja meine Schwäche.

„Herr Jesus, betete ich, wenn Du das schaffst, daß ich auf diesem Gebiet gut werde, dann will ich zu deiner Ehre predigen und zu deiner Ehre schreiben."

Wenn ich heute zurückschaue, muß ich sagen, daß von diesem Zeitpunkt an der Geist Gottes mich beschenkte. Und das möchte ich etwas ausführlicher berichten:

Es geschah während meiner dritten Predigt. Plötzlich spürte ich, daß der Heilige Geist mir eine Botschaft gab, die mich und alle Zuhörer ergriff. Und dann erlebte ich es immer wieder, wenn ich einen Bibeltext las, daß Gottes Geist mir Durchblick schenkte. Ich selbst wurde ergriffen, und dann kamen Gedanken und Bilder, und ich wußte, was ich zu sagen hatte.

Als junger Pastor, und das war Jahre später, wurde ich angefragt, ob ich bereit sei, eine christliche Kinderzeitschrift verantwortlich zu übernehmen. Im Vertrauen auf Gottes Verheißungen sagte ich „Ja". Vier Jahre war ich Redakteur dieser Zeitschrift und schrieb viele Geschichten und Artikel. Danach wurde die Zeitschrift von einem Team aus verschiedenen Freikirchen weitergeführt.

Und dann verfaßte ich mein erstes Buch. „Mut zum Gebet" war der Titel. Eigentlich war es ein großer Rundbrief, den ich nach einer Evangelisation, an der viele eine Entscheidung für Christus trafen, an die jungen Christen schickte. Ihnen wollte ich helfen, das Wichtigste in der Nachfolge Jesu zu erkennen und zu praktizieren: das Gespräch mit dem Vater. Dieser Rundbrief wurde zu einem Buch. Weitere Bücher folgten im Laufe der Jahre. Alles war ein Geschenk des Heiligen Geistes.

An meiner schwächsten Stelle hatte Gott mich am meisten beschenkt durch den Heiligen Geist. Wo Gottes Geist wirken kann, sind unsere Unmöglichkeiten Gottes große Möglichkeiten. Das kann ich aus Erfahrung sagen.

20. . . . der bringt viel Frucht

„Ich bin der Weinstock, ihr seid die Reben. Wer in mir bleibt und ich in ihm, der bringt viel Frucht; denn ohne mich könnt ihr nichts tun" (Johannes 15,5).

Christen sind keine Zierpflanzen, kein „wilder Wein", sondern Reben am Weinstock. Frucht wird von ihnen erwartet, auf Blätter kommt es nicht an, das hat Jesus gesagt. In einem vor mir liegenden Gartenkatalog sticht eine Abbildung besonders ins Auge. Unter ihr steht: „Aus dem dichten, grünen Laub entwickelt sich eine glühend rote Herbstpracht." Darüber der Vermerk in Fettdruck: „Wilder Wein". Ein malerischer Anblick, aber der Betrachter des Bildes wird vergeblich nach Trauben Ausschau halten. Wunderschöne Blätter, sie verzieren eine Hauswand, aber keine Frucht. Dem Thema Frucht ist in der Bibel ein ganzes Kapitel gewidmet. Es beginnt mit der Aussage: *„Ich (Jesus) bin der wahre Weinstock, und mein Vater der Weingärtner. Eine jede Rebe an mir, die keine Frucht bringt, wird er wegnehmen . . ."* (Johannes 15,1.2). Ein schrecklicher Gedanke: ein Christ, der einen Lebensstart mit Jesus gemacht hat und dann *„weggenommen"* wird. Und das ist der Grund: Er brachte keine Frucht. Vielleicht hat er sich in der Kirche mit seiner musikalischen oder künstlerischen Begabung eingebracht. Andere haben ihn bewundert. Er stand im Mittelpunkt und war erfolgreich, aber er brachte keine Frucht, nur Blätter, „religiöse Blätter" – „dichtes, grünes Laub". Was ist Frucht? Hören Sie dazu die Bibel: *„Nun aber, da ihr von der Sünde frei und Gottes Knechte geworden seid, habt ihr darin eure Frucht, daß ihr heilig werdet . . ."* (Römer 6,22). *„Die Frucht aber des Geistes ist Liebe, Freude, Friede, Geduld, Freundlichkeit, Güte, Treue, Sanftmut, Keuschheit"* (Galater 5,22.23). *„. . . die Frucht des Lichts ist lauter Güte und Gerechtigkeit und Wahrheit"* (Epheser 5,9). Das ist die eine Dimension der Frucht: Unser Wesen, unser

Charakter soll verwandelt werden. Göttliche Eigenschaften sollen heranreifen. Wo früher ein aufbrausendes Wesen war, soll nun Sanftmut zu sehen sein. Wo einmal unsaubere Gedanken und Gefühle alles beherrschten, soll jetzt *„Keuschheit"* das Leben bestimmen. Aus einem streitsüchtigen Menschen soll ein *„Friedensstifter"*, wie Jesus es nannte, werden. Die Liste der Veränderungen kann vielseitig fortgesetzt werden.

Die andere Dimension der Frucht zeigt, daß wir Menschen für Jesus gewinnen sollen. So sagt Jesus zu seinen Jüngern:

„Wer erntet, empfängt schon seinen Lohn und sammelt Frucht zum ewigen Leben" (Johannes 4,36).

Der Kontext spricht von einer Erweckung in der Stadt Sychar. Eine Frau erkannte in Jesus den Messias und lud andere ein, zu ihm zu kommen. *„Frucht"* sind in diesem Zusammenhang Menschen, die Jesus als den *„Retter der Welt"* erkennen (Vers 42) und ihm vertrauen. Auch im Römerbrief 1,13 ist von dieser Dimension der Frucht die Rede. Der Apostel Paulus schreibt an die Christen in Rom:

„. . . damit ich auch unter euch Frucht schaffe wie unter anderen Heiden."

Und diese Frucht ist nur möglich, wenn wir auch unsere „Lippen" Gott zur Verfügung stellen, daß wir in der Kraft des Heiligen Geistes anderen Jesus bezeugen können:

„So laßt uns nun Gott allezeit das Lobopfer darbringen, das ist die Frucht der Lippen, die seinen Namen bekennen" (Hebräer 13,15).

Frucht muß wachsen und reifen. Sie wird es, wenn wir in der Gemeinschaft mit Jesus Christus leben, wenn wir in ihm *„bleiben"* (Johannes 15,4.5.7) und wenn wir in seiner Liebe *„bleiben"* (Johannes 15,9.10).

(209) Johannes 13,35

Daran wird jedermann erkennen, daß ihr meine Jünger seid, wenn ihr Liebe untereinander habt.

Verheißung:
    „Daran wird jedermann erkennen, daß ihr meine Jünger seid"

Bedingung:
    Die Brüder und Schwestern lieben.

Erklärung:
  Liebe ist, wie Sie im Galaterbrief 5,22 nachlesen können, eine Frucht, die der Heilige Geist in einem Jesusnachfolger reifen läßt.

(210) Johannes 15,2

Eine jede Rebe an mir, die Frucht bringt, wird er reinigen, daß sie mehr Frucht bringe.

Verheißung:
  „... wird er reinigen, daß sie mehr Frucht bringe"

Erklärung:
  Der Winzer schneidet von Zeit zu Zeit die wilden Triebe am Weinstock ab, denn sie nehmen den fruchtbringenden Reben die Nährstoffe. Das meint Jesus Christus, wenn er von reinigen spricht. Solche fruchtlosen Triebe können im Leben eines Nachfolgers Jesu Hobbys, zeitraubende Vergnügen oder Freundschaften sein, also alles, was ein fruchtbringendes Leben verhindert oder die Qualität der Frucht vermindert.

Bedingung:
  Frucht bringen für Jesus Christus.

Erklärung:
  Galater 5,22 (Liebe) und Römer 1,13 (Menschen für Jesus gewinnen)

(211) Johannes 15,5

Ich bin der Weinstock, ihr seid die Reben. Wer in mir bleibt und ich in ihm, der bringt viel Frucht; denn ohne mich könnt ihr nichts tun.

Verheißung:
  „... der bringt viel Frucht"

Bedingung:
  In der Lebensgemeinschaft mit Jesus bleiben.

(212) Johannes 15,8

Darin wird mein Vater verherrlicht, daß ihr viel Frucht bringt und werdet meine Jünger.

Verheißung:
„Darin wird mein Vater verherrlicht"

Bedingung:
Viel Frucht bringen für Jesus.

(213) 2. Korinther 9,6

Wer da kärglich sät, der wird auch kärglich ernten; und wer da sät im Segen, der wird auch ernten im Segen.

Verheißung:
„. . . der wird auch ernten im Segen"

Erklärung:
„Segen" bedeutet in diesem Zusammenhang Fülle, Überfluß.

Bedingung:
Großzügig geben, sich ganz einsetzen, nicht berechnend und mit dem Blick auf die Uhr Jesus zur Verfügung stehen.

(214) Galater 6,2

Einer trage des andern Last, so werdet ihr das Gesetz Christi erfüllen.

Verheißung:
„. . . so werdet ihr das Gesetz Christi erfüllen"

Bedingung:
Die Last des Bruders, der Schwester, die sie uns anvertrauen, tragen. So können wir Gebetslasten übernehmen oder uns auch in ganz praktischen Bereichen einsetzen, je nach den Möglichkeiten, die uns gegeben sind. Auch das ist Frucht.

(215) 2. Petrus 1,5–8

So wendet alle Mühe daran und erweist in eurem Glauben Tugend und in der Tugend Erkenntnis und in der Erkenntnis Mäßigkeit und in der Mäßigkeit Geduld und in der Geduld Frömmigkeit und in der Frömmigkeit brüderliche Liebe und in der brüderlichen Liebe die Liebe zu allen Menschen. Denn wenn dies alles reichlich bei euch ist, wird's euch nicht faul und unfruchtbar sein lassen in der Erkenntnis unseres Herrn Jesus Christus.

Verheißung:
> „. . . wird's euch nicht unfruchtbar sein lassen"

Erklärung:
> Eine nur theoretische Erkenntnis von Jesus und seinem Heil, biblisches Wissen also, bringt keine Frucht, wenn der Praxisbezug zum Alltag fehlt. Darauf legt die Bibel Wert (Verse 5–7).

Bedingung:
> Die Bereitschaft, die biblischen Wahrheiten im Alltag zu praktizieren.

(216) Hebräer 12,11

Jede Züchtigung aber, wenn sie da ist, scheint uns nicht Freude, sondern Leid zu sein; danach aber bringt sie als Frucht denen, die dadurch geübt sind, Frieden und Gerechtigkeit.

Verheißung:
> „. . . danach aber bringt sie als Frucht . . . Frieden und Gerechtigkeit"

Bedingung:
> Die „Züchtigung", die Erziehungswege Gottes, erkennen, annehmen und daraus Konsequenzen ziehen. Beachten Sie die Aussage: „. . . die dadurch geübt sind".

Er erzählte mir eine Geschichte

Das war eine seltsame Überraschung, als ich im Bett meines Hotelzimmers plötzlich einen jungen Mann entdeckte. Man hatte mich als Referent zu einem Glaubensseminar eingeladen.

Ich war ziemlich spät angekommen, jemand drückte mir den Zimmerschlüssel in die Hand und wünschte mir eine gute Nacht. Und nun stand ich in dem besagten Zimmer, in dem schon einer lag. Natürlich war noch ein zweites Bett vorhanden, aber als Referent im mittleren Alter erwartet man selbstverständlich ein Einzelzimmer. Zu ändern war in dieser Nacht nichts mehr, also stellte ich mich vor und bat meinen Zimmerkollegen, aus seinem Leben zu berichten. Und dann hörte ich eine spannende Geschichte von Gottes verwandelnder Liebe: Er war einer von den Rechtsradikalen. Alles, was aus der Zeit des dritten Reiches noch aufzutreiben war, lag oder stand oder hing in seinem Zimmer. Ein Schnellfeuergewehr, Stahlhelme, Landserhefte und „Mein Kampf", Hakenkreuze, eine Menge Kleidungsstücke, und in seinem Herzen war Haß und Zerstörungswut, die keine Grenzen kannte.

Eines Tages kam er von einer Reise zurück und besuchte einen von seinen braunen Kameraden. Der eröffnete ihm, daß er Christ geworden sei und mit ihm keine gemeinsame Sache mehr machen könne. Jesus sei nun sein Herr, und für ihn wolle er leben. Die Tür fiel ins Schloß, und wie es schien, für immer.

Nach diesem Besuch konnte er die Nacht nicht schlafen. Auf der einen Seite ärgerte er sich maßlos und schmiedete Rachepläne, aber auf der anderen Seite bewunderte er dieses entschlossene und mutige Bekenntnis zu Jesus.

Am nächsten Tag läutete er wieder an der Tür seines Freundes. Und dann sprachen sie einen Nachmittag über das Christsein, und sein Freund berichtete, wie es zu dieser Wende kam und wie er Jesus bat, in sein Leben zu kommen. Das Gespräch endete mit einer Lebensübergabe an Jesus Christus. Am darauffolgenden Tag räumten sie gemeinsam sein Zimmer aus und fuhren das ganze „braune Zeug" zur Müllhalde.

Und dann berichtete mir jener junge Mann davon, wie sein Haß sich in Liebe verwandelte, wie seine Aggressionen dem Frieden Gottes wichen. Und er erzählte mir von seiner Sehnsucht, andere zu Jesus zu führen.

Ich habe ihn genau beobachtet, auch in den folgenden Tagen. Seine Liebe und seine Freundlichkeit beeindruckten mich. Was ich erlebte, war Frucht des Heiligen Geistes. Er war ein Mensch, den Gottes Liebe verwandelt hatte.

21. ... ich habe euch Vollmacht gegeben

„Seht, ich habe euch Macht gegeben, zu treten auf Schlangen und Skorpione, und Macht über alle Gewalt des Feindes; und nichts wird euch schaden" (Lukas 10,19).

Das war eine besondere Stunde, die die Jünger mit Jesus erlebten. Er hatte sie zu einem „Sendegespräch unter vier Augen" gerufen. Sie sollten in die Städte und Dörfer gehen und den Sieg Gottes über alle zerstörerischen Kräfte proklamieren. Die Bibel berichtet, daß Jesus ihnen für diesen Auftrag Vollmacht gab (Matthäus 10,1).
Vollmacht ist von Gott verliehene Autorität; es ist die Berechtigung, im Namen des Höchsten zu reden und zu handeln.
Ein Polizist hat die Autorität, den Verkehr an einer Kreuzung zu regeln. Dazu hat kein anderer das Recht. Selbst wenn ein Passant das „Know-how" hätte, wäre kein Verkehrsteilnehmer verpflichtet, sich nach seinen Anweisungen zu richten.
Von einer angemaßten Vollmacht ist in Apostelgeschichte 19,13–17 die Rede. Einige religiöse Männer wollten einen Dämon aus einem Besessenen austreiben. Sie hatten beobachtet, wie unter dem gebietenden Wort des Apostels Paulus böse Geister ausfuhren und Menschen frei wurden. „Was dieser Paulus kann, das können auch wir", haben sie wohl gedacht, und besuchten in bester Absicht diesen Besessenen. Einer von ihnen beginnt den Exorzismus mit den Worten:
„Ich beschwöre euch bei dem Jesus, den Paulus predigt."
Hören Sie, was dabei herauskam:
„Aber der böse Geist antwortete und sprach zu ihnen: Jesus kenne ich wohl, und von Paulus weiß ich wohl; aber wer seid ihr? Und der Mensch, in dem der böse Geist war, stürzte sich auf sie und überwältigte sie alle und richtete sie so zu, daß sie nackt und verwundet aus dem Haus flohen."
Der Dämon hatte Respekt vor Jesus. Ihn kannte er, und er anerkannte ihn als den Sohn Gottes, dem *„alle Macht gegeben ist im Himmel und auf Erden"*. Der Dämon hatte auch Respekt vor Paulus. Ihn kannte er auch, und er wußte, daß Paulus in göttlicher Vollmacht gebieten konnte. Mit Jesus und mit Paulus wollte er

nichts zu tun haben. Auf ihr befehlendes Wort hin hätte er den Menschen verlassen müssen, und zwar sofort und ohne jeden Widerstand. Aber vor diesen religiösen Exorzisten fürchtete er sich nicht.

Jesus Christus, der Sohn Gottes, hat seinen Nachfolgern Vollmacht gegeben. Sie haben die Berechtigung von Gott, und sie haben den Auftrag von Gott, in göttlicher Autorität zu reden und zu handeln. Diese Vollmacht kann keiner sich selbst geben, und keiner kann sie sich durch Religiosität verdienen oder mit Geld erkaufen. Petrus hat das offen nach der Heilung eines Gelähmten vor Tausenden ausgesprochen:

„. . . was seht ihr auf uns, als hätten wir durch eigene Kraft oder Frömmigkeit bewirkt, daß dieser gehen kann" (Apostelgeschichte 3,12),

und er hat es einem ehemaligen Zauberer gesagt:

„Als aber Simon sah, daß der Geist gegeben wurde, wenn die Apostel die Hände auflegten, bot er ihnen Geld an und sprach: Gebt auch mir die Macht, damit jeder, dem ich die Hände auflege, den Heiligen Geist empfange. Petrus aber sprach zu ihm: Daß du verdammt werdest mitsamt deinem Geld, weil du meinst, Gottes Gabe werde durch Geld erlangt" (Apostelgeschichte 8,18–20).

Beachten Sie dabei die Aussage *„Gottes Gabe"*. Vollmacht ist Gottes Gabe an die Nachfolger Jesu. Sie wird durch Glauben in der Kraft des Heiligen Geistes wirksam. Dabei ist der Befreiungsdienst nur einer von vielen Bereichen. Vollmacht betrifft auch die Verkündigung des Evangeliums, die Heilung von Krankheiten, die Lösung von Gebundenheiten, die Herrschaft über die Sünde u. a. Die folgenden Verheißungen geben Aufschluß darüber.

(217) Matthäus 3,11

Ich (Johannes) taufe euch mit Wasser zur Buße; der aber nach mir kommt, ist stärker als ich, und ich bin nicht wert, ihm die Schuhe zu tragen; der wird euch mit dem Heiligen Geist und mit Feuer taufen.

Verheißung:

„. . . der wird euch mit dem Heiligen Geist und mit Feuer taufen"

Erklärung:
ein brennendes, dynamisches Christsein. Denken Sie an die Jünger am Pfingsttag. Diese Taufe mit dem Heiligen Geist ist die Grundlage der Vollmacht.

Parallel:
Markus 1,8

(218) Matthäus 17,20

Denn wahrlich, ich sage euch: Wenn ihr Glauben habt wie ein Senfkorn, so könnt ihr sagen zu diesem Berge: Heb dich dorthin!, so wird er sich heben; und euch wird nichts unmöglich sein.

Verheißung:
„... so wird er sich heben"
„... euch wird nichts unmöglich sein"

Bedingung:
1. Glauben

Erklärung:
Nicht auf die Größe des Glaubens kommt es an, sondern auf die Echtheit, die Lebendigkeit des Glaubens (Senfkorn). Beachten Sie dabei auch die beiden extremen Bilder, Senfkorn und Berg – ein winziger Glaube kann Gewaltiges versetzen.

Bedingung:
2. Zu dem Hindernis sprechen

Erklärung:
Jesus spricht zum Wind und zu den Wellen (Lukas 8,24).

Parallel:
Matthäus 21,21 (die Bedingung wird erweitert durch „... nicht zweifeln")
Markus 11,23 (eine weitere Konkretisierung: „... und zweifelte nicht in seinem Herzen, sondern glaubte, daß geschehen werde, was er sagt")
Lukas 17,6

(219) Matthäus 18,18

Was ihr auf Erden binden werdet, soll auch im Himmel gebunden sein, und was ihr auf Erden lösen werdet, soll auch im Himmel gelöst sein.

Verheißung:
„. . . soll auch im Himmel gebunden sein"
„. . . soll auch im Himmel gelöst sein"

Bedingung:
Auf Erden binden und / oder lösen.

Erklärung:
In Lukas 13,10–16 werden die Begriffe binden und lösen von Jesus gebraucht. Dabei geht es um eine von Satan gebundene Frau, die durch Jesus von „dieser Fessel" gelöst wird. Eine weitere Erklärung finden Sie in Matthäus 12,29.

(220) Matthäus 28,20

Und siehe, ich bin bei euch alle Tage bis an der Welt Ende (Äon, Weltzeit. Dieser Äon endet mit der Entrückung der Gemeinde).

Verheißung:
„. . . ich bin bei euch alle Tage bis an der Welt Ende"

Bedingung:
Jünger Jesu sein, die bereit sind, den Missionsbefehl auszuführen.

Erklärung:
Diese unsichtbare und doch reale Gegenwart Jesu ist unsere Vollmacht. Er ist der eigentlich Handelnde. Der Mensch stellt sich ihm lediglich als Werkzeug zur Verfügung.

(221) Markus 16,17.18

Die Zeichen aber, die folgen werden denen, die da glauben, sind diese: in meinem Namen werden sie böse Geister austreiben, in neuen Zungen reden, Schlangen mit den Händen hochheben, und wenn sie etwas Tödliches trinken, wird's ihnen nicht schaden; auf Kranke werden sie die Hände legen, so wird's besser mit ihnen werden.

Verheißungen:

„. . . böse Geister austreiben"

„. . . in neuen Zungen reden"

„. . . Schlangen mit den Händen hochheben"

„. . . Gift wird ihnen nicht schaden"

„. . . so wird's besser mit ihnen (den Kranken) werden"

Bedingung:

Jesus vertrauen, totale Bindung an ihn.

Erklärung:

Hier wird ein Bündel von Verheißungen genannt. Sie dürfen allerdings nicht isoliert von den Aussagen der Bibel gesehen werden, die z. B. über Zungenrede und Krankenheilung (1. Korinther 12,30) gemacht werden.

(222) Lukas 10,16

Wer euch hört, der hört mich; und wer euch verachtet, der verachtet mich; wer aber mich verachtet, der verachtet den, der mich gesandt hat.

Verheißung:

1. „. . . der hört mich"

2. „. . . der verachtet mich"

Bedingung:

Als Jünger Jesu im Auftrag Jesu reden, handeln und leben, d. h. umfassendes Jüngersein.

(223) Lukas 10,19

Seht, ich habe euch Macht (Vollmacht) gegeben, zu treten auf Schlangen und Skorpione, und Macht über alle Gewalt des Feindes; und nichts wird euch schaden.

Verheißung:

„. . . Macht, zu treten auf Schlangen und Skorpione"

Erklärung:

„Schlangen und Skorpione" sind hier ein Bild für Dämonen, möglicherweise ein Bild für besonders privilegierte Dämonen, die in Epheser 6,12 „Mächtige und Gewaltige" genannt werden.

Verheißung:
„. . . und Macht über alle Gewalt des Feindes"

Erklärung:
Der „Feind" ist Satan, und die „Gewalt des Feindes" ist alles, was ihm unterstellt ist, was ihm hörig ist, was ihm zur Verfügung steht. Das können Menschen sein, oder Ideologien, oder Sekten, oder okkulte Praktiken, oder Drogen, oder Zauberbücher, Amulette usw.

Bedingung:
„Euch" – hier sind wieder die Nachfolger Jesu angesprochen, die sich ihm ganz zur Verfügung gestellt haben.

(224) Johannes 12,31

Jetzt ergeht das Gericht über diese Welt; nun wird der Fürst dieser Welt ausgestoßen werden.

Verheißung:
„. . . nun wird der Fürst dieser Welt ausgestoßen werden"

Erklärung:
Der „Fürst dieser Welt" ist Satan (Johannes 14,30; 16,11). „Ausgestoßen" meint, daß er seinen Herrschaftsbereich verliert. Im Sterben Jesu am Kreuz geschah das juristisch, bei der Wiederkunft Jesu wird es faktisch. Unsere Vollmacht über Satan und seine Dämonen beruht auf dieser juristischen Tatsache. Wo sie von Kindern Gottes heute in Anspruch genommen wird, verlieren die Finsternismächte ihre Anrechte.

(225) Johannes 14,12

Wahrlich, wahrlich, ich sage euch: Wer an mich glaubt, der wird die Werke auch tun, die ich tue, und er wird noch größere als diese tun; denn ich gehe zum Vater.

Verheißung:
„. . . der wird die Werke auch tun, die ich tue"

„. . . und er wird noch größere als diese tun"

Erklärung:
Vielfach wird dieser Begriff „Werke" auf die Wunder bezogen, die Jesus getan hat. Aber das wäre eine unsachgemäße Einschränkung. „Werke" umfaßt das gesamte Tun Jesu, seine Wunder, sein Predigen, sein Segnen, sein Trösten und Ermahnen – also sein gesamtes Tun. Das „noch größere" an unserem Tun ist, daß wir nach der Ausgießung des Heiligen Geistes Menschen helfen dürfen, Kinder Gottes zu werden.

Bedingung:
Jesus vertrauen.

(226) Johannes 20,23

Welchen ihr die Sünden erlaßt, denen sind sie erlassen; und welchen ihr sie behaltet, denen sind sie behalten.

Verheißung:
„. . . denen sind sie (die Sünden) erlassen"
„. . . denen sind sie (die Sünden) behalten"

Bedingung:
Unter der Leitung und Inspiration des Heiligen Geistes handeln (Vers 22).

(227) Apostelgeschichte 1,8

Ihr werdet die Kraft des Heiligen Geistes empfangen, der auf euch kommen wird, und werdet meine Zeugen sein in Jerusalem und in ganz Judäa und Samarien und bis an das Ende der Erde.

Verheißung:
„Ihr werdet die Kraft des Heiligen Geistes empfangen"
„. . . und werdet meine Zeugen sein in . . ."

Bedingung:
Zu Jesus gehören, sein Jünger sein. Diese Verheißung beginnt mit dem Fürwort „Ihr".

(228) Römer 5,17

Denn wenn wegen der Sünde des Einen (Adam) der Tod geherrscht hat durch den Einen, um wieviel mehr werden die, welche die Fülle der Gnade und die Gabe der Gerechtigkeit empfangen, herrschen im Leben durch den Einen, Jesus Christus.

Verheißung:
„. . . herrschen im Leben durch den Einen, Jesus Christus"

Erklärung:
„Herrschen" ist das Gegenteil von „beherrscht werden". So herrschen geisterfüllte Christen über Sünde, Leidenschaften, negative Gefühle und Charaktereigenschaften, Ängste, Minderwertigkeitskomplexe, satanische Einflüsterungen, Angriffe und Versuchungen.

Bedingung:
Der Empfang der „Fülle der Gnade und der Gabe der Gerechtigkeit". Beides kommt durch den Heiligen Geist in das Leben der Menschen, die eine Wiedergeburt erlebt haben und im Gehorsam Gott gegenüber leben.

(229) Römer 16,20

Der Gott des Friedens aber wird den Satan unter eure Füße treten in Kürze.

Verheißung:
Der gesamte Text

Bedingung:
Glied am Leib Jesu sein („unter eure Füße", Füße sind ein Teil des Leibes).

(230) 2. Korinther 3,7–9.11

Wenn aber schon das Amt, das den Tod bringt und das mit Buchstaben in Stein gehauen war, Herrlichkeit hatte, so daß die Israeliten das Angesicht des Mose nicht ansehen konnten wegen der Herrlichkeit auf seinem Angesicht, die doch aufhörte, wie sollte nicht viel mehr das Amt, das den Geist gibt, Herrlichkeit haben? Denn wenn das Amt, das zur Verdammnis führt, Herrlichkeit hatte, wieviel mehr hat das Amt, das zur Gerechtigkeit führt, überschwengliche Herrlichkeit. Denn wenn das Herrlichkeit hatte, was aufhört, wieviel mehr wird das Herrlichkeit haben, was bleibt.

Verheißung:
„... wie sollte nicht viel mehr das Amt, das den Geist gibt, Herrlichkeit haben?"
„... wieviel mehr hat das Amt, das zur Gerechtigkeit führt, überschwengliche Herrlichkeit"
„... wieviel mehr wird das Herrlichkeit haben, was bleibt"

Bedingung:
Ein „Diener des neuen Bundes" (Vers 6) sein, d. h. ein Bote, ein Zeuge des Evangeliums, der die Gute Nachricht von Jesus Christus, dem Retter der Welt, weitergibt.

Erklärung:
Herrlichkeit (auch Glanz, Glorie) ist das zentrale Wort dieser Verheißung. Der Botschafter Jesu sollte sich das immer wieder neu bewußt machen, daß sein Dienst von dieser Herrlichkeit geprägt ist.

(231) 2. Korinther 12,9

Laß dir an meiner Gnade genügen; denn meine Kraft (Dynamis) ist in den Schwachen mächtig.

Verheißung:
„... denn meine Kraft ist in den Schwachen mächtig"

Bedingung:
Die rätselhaften Führungen und Begrenzungen, die Gott auferlegt, annehmen und dankbar sein für die Gnade, für die Gotteskindschaft und für die geistlichen Segnungen. Beachten Sie auch die Reaktion des Apostels: „*Darum will ich mich am allerliebsten rühmen meiner Schwachheit*" (2. Korinther 12,9) und „*Darum bin ich guten Mutes in Schwachheit . . .*" (Vers 10). Seine positive Reaktion ist das Gegenteil von Auflehnung und Rebellion.

Erklärung:
Der Apostel spricht von einem „*Pfahl im Fleisch*" (Vers 7),

von einem Dämon, der ihn *„mit Fäusten schlagen soll"*. Es kann nicht genau gesagt werden, was der Apostel Paulus hier erlebte. Wahrscheinlich hatte er ein Augenleiden. Vergleichen Sie dazu folgende Bibelstellen: Galater 4,15 *„... ihr hättet eure Augen ausgerissen und mir gegeben"*; Galater 6,11 *„... mit wie großen Buchstaben ich euch schreibe mit eigener Hand"*.

(232) Epheser 6,11

Zieht die Waffenrüstung Gottes an, damit ihr bestehen könnt gegen die listigen Anschläge des Teufels.

Verheißung:
> *„...* damit ihr bestehen könnt gegen die listigen Anschläge des Teufels"

Erklärung:
> Es kann auch so übersetzt werden: *„...* dann könnt ihr bestehen". Es ist also eine klare Siegesverheißung.

Bedingung:
> Die ganze Waffenrüstung Gottes anlegen, nicht nur einen Teil und nicht nur gelegentlich einmal. Christen sollten ständig in der Waffenrüstung leben.

(233) Epheser 6,13

Deshalb ergreift die Waffenrüstung Gottes, damit ihr an dem (diesem) bösen Tag Widerstand leisten und alles überwinden und das Feld behalten könnt.

Verheißung:
> *„...* damit ihr an diesem bösen Tag Widerstand leisten könnt"

Erklärung:
> „Dieser böse Tag" ist nicht ein Tag von 24 Stunden oder ein besonders kritischer Tag, an dem Satan Sie speziell angreift. Es ist der Zeitraum vom Sündenfall bis zu dem Tag, an dem Satan gebunden werden wird (Offenbarung 20,7–10).

Verheißung:
„... und alles überwinden (besiegen) könnt"
Erklärung:
Gemeint sind alle Angriffe Satans und der Dämonen.
Verheißung:
„... und das Feld behalten könnt"
Erklärung:
„Feld": gemeint ist ein eroberter Raum, den wir nicht wieder an Satan verlieren dürfen. Wenn z. B. ein Alkoholiker frei geworden ist oder ein Zweifler zur Gewißheit des Heils gefunden hat, dann muß er dieses „Feld" vor den Eroberungsangriffen des Satans verteidigen.
Bedingung:
Die Waffenrüstung anlegen.

(234) Epheser 6,16

Vor allen Dingen aber ergreift den Schild des Glaubens, mit dem ihr auslöschen könnt alle feurigen Pfeile des Bösen.
Verheißung:
„... mit dem ihr auslöschen könnt alle feurigen Pfeile des Bösen"
Erklärung:
„Feurige Pfeile" waren glühende Brandgeschosse, die besonders schmerzhafte und schwer heilende Wunden zurückgelassen haben. In 1. Timotheus 4,1–3 ist von Christen die Rede, die „verführerischen Geistern" und „teuflischen Lehren" verfallen sind, z. B. „nicht zu heiraten". Paulus sagt, daß sie „ein Brandmal in ihrem Gewissen haben". Wahrscheinlich hat er hier an ein solches „glühendes Brandgeschoß" gedacht.
Bedingung:
Hinter dem „Schild des Glaubens" stehen, d. h. im nüchternen, biblisch fundierten Glauben leben.

(235) 2. Thessalonicher 3,3

Der Herr ist treu; der wird euch stärken und bewahren vor dem Bösen.

Verheißung:
„... der wird euch stärken und bewahren vor dem Bösen"

Bedingung:
Beachten Sie wieder das Personalpronomen „euch". Damit sind die Nachfolger Jesu gemeint.

(236) Jakobus 4,7

Widersteht dem Teufel, so flieht er von euch.

Verheißung:
„... so flieht er (Satan) von euch"

Bedingung:
Satan „widerstehen", d. h. mutig entgegentreten.

(237) Offenbarung 3,8

Siehe, ich habe vor dir eine Tür aufgetan, und niemand kann sie zuschließen; denn du hast eine kleine Kraft und hast mein Wort bewahrt und hast meinen Namen nicht verleugnet.

Verheißung:
„... ich habe vor dir eine Tür aufgetan, und niemand kann sie zuschließen"

Erklärung:
Die „geöffnete Tür" ist vergleichbar mit „grünem Licht", mit „freier Fahrt", ein Bild für die Vollmacht.

Bedingung:
Das Wort Gottes ernst nehmen, danach leben und, auch in Verfolgungszeiten, mutig zu Jesus stehen.

Nicht durch Worte

Er kam nach einer missionarischen Veranstaltung auf mich zu, wirkte unsicher und bedrückt.

„Haben Sie Zeit für mich? Es wird ein längeres Gespräch werden", sagte er.

Wir setzten uns. Er nannte seinen Namen, sprach kurz von seinem Studium und erklärte, daß er seit einigen Jahren Christ sei. Danach berichtete er von seinem Problem:

Einige Wochen vor unserer Begegnung begann er darüber nachzudenken, wie wohl sein Leben aussehen würde, wenn es keinen Gott gäbe. Theoretisch dachte er alle Möglichkeiten durch und kam schließlich zu der Erkenntnis, daß nur die Praxis wahren Aufschluß darüber geben könne. So entschloß er sich zu einem Experiment. Er wollte einige Wochen so leben, als wäre Gott nur eine Idee, die Bibel ein Märchenbuch und das gesamte Christsein eine religiöse Einbildung. Er besorgte sich atheistische Literatur, betete nicht mehr, schob jeden Gedanken an Gott entschlossen zur Seite und vermied Kontakte mit Christen. Dabei hatte er das Empfinden, daß es jeden Tag dunkler in ihm wurde, ein Gefühl der Sinnlosigkeit erfaßte ihn, und eine eigenartige Kälte umgab ihn. Nach einigen Wochen erkannte er, daß er so niemals leben möchte. Das Experiment hatte ihm die totale Hoffnungslosigkeit eines Lebens ohne Gott gezeigt.

Er wollte wieder beten, wieder die Bibel lesen, wieder Jesus vertrauen. Dabei machte er die erschreckende Feststellung, daß es nicht mehr ging. Plötzlich schossen ihm Gedanken durch den Kopf wie: „Gott ist eine Erfindung des Menschen, ein frommer Wunsch, nichts als Einbildung." Er griff zur Bibel, aber auch hier hörte er nur die Argumente der atheistischen Schriftsteller. Die biblischen Texte sprachen ihn nicht mehr an. Er wußte, daß die Bibel Gottes Wort ist, aber sie war es nicht mehr für ihn. Er war völlig sicher, daß Jesus lebt, aber er fand keine Beziehung mehr zu ihm. Er wußte alles, aber da war eine eiskalte Wand des Unglaubens, eine Macht, die nichts mehr durchkommen ließ.

„Wenn das so weiter geht", sagte er verzweifelt, „werde ich noch verrückt. Ich halte das nicht länger aus. Ich habe mich einem Geist geöffnet, der mich völlig in seinem Griff hat."

Ich wollte etwas zu ihm sagen, aber er unterbrach mich mit den Worten: „Sie brauchen mir nichts zu erklären. Ich weiß, daß Gott Realität ist, und ich weiß, daß die Bibel Gottes Wort ist, aber ich kann nicht mehr glauben, das ist mein Problem."

Da wurde mir plötzlich bewußt, daß ich hier im Namen Jesu

und in der Kraft des Heiligen Geistes handeln mußte. Ich stand auf und legte meine Hände auf den Kopf des jungen Mannes. Dabei gebot ich dem Geist des Unglaubens, zu weichen. In diesem Augenblick brach er zusammen und stürzte zu Boden. Aber wenige Augenblicke später erhob er sich und umarmte mich weinend.

„Ich kann glauben", brachte er schließlich über die Lippen, „ich kann wieder glauben." Und danach sprach er ein ergreifendes Hingabegebet zu Jesus Christus.

Wenige Wochen später schrieb er mir folgendes: „Ich weiß wieder, daß ich zu Jesus gehöre. Die vielen Zweifel, von denen ich Ihnen erzählt habe, sind tatsächlich verschwunden. Die Gedanken der Kritik am Wort Gottes haben keinen Platz mehr. Ich will meine Fähigkeiten nicht mehr für die Werke des Teufels einsetzen, sondern als Zeuge und Jünger Jesu leben."

Da konnte ich nur sagen: „Danke, Herr Jesus, daß du deinen Jüngern Vollmacht gegeben hast."

22. ... wird euer Friede auf sie kommen

„Wenn ihr aber in ein Haus geht, so grüßt es; und wenn es das Haus wert ist, wird euer Friede auf sie kommen" (Matthäus 10,12.13).

Geisterfüllte Christen haben Ausstrahlungskraft. Das hat Jesus Christus zugesichert. Er sprach von den *Strömen lebendigen Wassers*, das aus dem *Innern* der Leute fließt, die ihm vertrauen. Für mich ist das ein eindrückliches Bild, ein wunderbarer Vergleich. Wo Wasser fließt, verwandelt sich die Wüste. Es grünt und blüht. Bäume tragen Frucht. Menschen fühlen sich wohl, können sich erholen, atmen auf. So war das bei Jesus. Tausende fragten nach ihm, suchten ihn auf, wollten in seiner Nähe sein, ihn hören, ihn erleben. Er zog die „Outsider" und die „Insider" an. Und er hat gesagt, daß das auch bei seinen Nachfolgern so sein wird. Manfred Siebald hat dieses Flair der Jünger Jesu in einem Lied beschrieben:
„Ins Wasser fällt ein Stein, ganz heimlich, still und leise; und ist er noch so klein, er zieht doch weite Kreise.
Wo Gottes große Liebe in einen Menschen fällt, da wirkt sie fort in Tat und Wort hinaus in unsre Welt."
Das kann man nicht machen, nicht trainieren. Das hat nichts mit erlernter Höflichkeit zu tun, auch nichts mit dem „Einmaleins des guten Tons", das ist eine Frucht des Heiligen Geistes. Christen prägen ihre Umgebung. Wo Licht ist, muß die Finsternis weichen. Wo Liebe sich verschenkt, hat der Haß keine Chance mehr.
Als Jesus Christus am Abend nach seiner Auferstehung den Jüngern erschien, grüßte er sie mit „Schalom alechem". Dieses *„Friede sei mit euch"*, das er sprach, war nicht nur ein traditioneller Gruß, sondern eine die ganze Atmosphäre verwandelnde Dynamik. Bis dahin beherrschten Unsicherheit, Angst, Mißtrauen und Hoffnungslosigkeit den Raum, in dem die Jünger sich verbarrikadiert hatten. Die Gegenwart von Jesus Christus veränderte jedoch schlagartig alles. Friede ging von ihm aus, und dieser Friede erfüllte den Raum, und er erfüllte die Herzen der Männer und Frauen.

Auch Sie werden Frieden ausstrahlen, werden Kraft vermitteln, werden Freude verbreiten, werden Liebe weiterleiten, wenn Sie „in Jesus" sind und „Jesus in Ihnen" ist. Wenn Ihr Denken, Fühlen und Wollen von ihm geprägt und erfüllt ist, wird das atmosphärische Auswirkungen haben. Die folgenden Verheißungen sprechen davon.

(238) Matthäus 10,12.13

Wenn ihr aber in ein Haus geht, so grüßt es; und wenn es das Haus wert ist, wird euer Friede auf sie kommen.

Verheißung:
>„. . . wird euer Friede auf sie kommen"

Bedingung:
>1. Im Auftrag Jesu ein Haus betreten, den Shalom-Gruß aussprechen.
>2. Die Bewohner müssen offen für Jesus sein.

Erklärung:
>Der Beauftragte Jesu bekommt ein „Gespür" dafür, ob bei einem Besuch geistliche Offenheit da ist. Wenn er sie empfindet, dann sollte er „dran" bleiben. Dann ist sicher jemand in diesem Haus, den er zu Jesus Christus führen kann oder an dem er einen seelsorgerlichen Auftrag hat.

Parallel:
>Lukas 10,6: „. . . und wenn dort ein Kind des Friedens ist . . ."

(239) Matthäus 10,40.41

Wer euch aufnimmt, der nimmt mich auf; und wer mich aufnimmt, der nimmt den auf, der mich gesandt hat. Wer einen Propheten aufnimmt, weil es ein Prophet ist, der wird den Lohn eines Propheten empfangen. Wer einen Gerechten aufnimmt, weil es ein Gerechter ist, der wird den Lohn eines Gerechten empfangen.

Verheißung:
>„. . . der nimmt mich auf"
>„. . . der nimmt den auf, der mich gesandt hat"

172

„... der wird den Lohn eines Propheten empfangen"
„... der wird den Lohn eines Gerechten empfangen"

Erklärung:
Diese Verheißungen müssen im Textzusammenhang gesehen werden. Hier geht es nicht darum, Jesus oder den Vater aufzunehmen im Sinn einer Bekehrung und Wiedergeburt, sondern um Segnungen. Ein Beispiel ist der Bericht in Apostelgeschichte 28,1–10. Auf der Insel Malta wurden Kranke geheilt, aber es wird nicht berichtet, daß Menschen zum Glauben an Jesus gekommen sind.

Bedingung:
Boten Gottes aufnehmen.

Parallel:
Johannes 13,20

(240) Markus 9,36.37

Und Jesus nahm ein Kind, stellte es mitten unter sie und herzte es und sprach zu ihnen: Wer ein solches Kind in meinem Namen aufnimmt, der nimmt mich auf; und wer mich aufnimmt, der nimmt nicht mich auf, sondern den, der mich gesandt hat.

Verheißung:
„... der nimmt nicht mich auf (gemeint ist hier Jesus als Mensch), sondern den, der mich gesandt hat (Gott, die Dreieinigkeit)"

Bedingung:
Ein Kind mit Gottes Liebe lieben, mit den Augen Gottes sehen, es annehmen.

Erklärung:
Siehe Erklärung zu Matthäus 10,40.41.

(241) Johannes 7,38

Wer an mich glaubt, wie die Schrift sagt, von dessen Leib werden Ströme lebendigen Wassers fließen.

Verheißung:

„... von dessen Leib werden Ströme lebendigen Wassers fließen"

Bedingung:

Jesus Christus vertrauen, sich ihm ganz hingeben, mit ihm eins werden.

Erklärung:

Was mit den „Strömen lebendigen Wassers" gemeint ist, wird in Vers 39 erklärt: „Das sagte er aber von dem Geist ..."

(242) Johannes 12,36

Glaubt an das Licht, solange ihr's habt, damit ihr Kinder des Lichtes werdet.

Verheißung:

„... damit ihr Kinder des Lichtes werdet"

Erklärung:

Eine dunkle Atmosphäre wird völlig verändert, wenn durch Licht die Dunkelheit weichen muß. Bei Jesus war es so, Paulus erlebte das auf seinen Missionsreisen, und das dürfen auch Sie erleben, wenn Sie ein „Kind des Lichts" sind.

Bedingung:

An Jesus, das „Licht der Welt", glauben, d. h. sich ihm völlig öffnen und anvertrauen.

Der Kuraufenthalt

Ich habe den Brief nicht mehr gefunden, den mir die Kurverwaltung einige Wochen nach meinem Kuraufenthalt schrieb. So kann ich den Inhalt nur aus dem Gedächtnis wiedergeben: „Noch nie haben wir eine so gute und ausgeglichene Atmosphäre gehabt, wie in den zurückliegenden Wochen. Es gab keine Spannungen unter den Patienten, und es gab keine Probleme mit den Jugendlichen. Wir führen das auf die vielen Gespräche zurück, die Sie geführt haben, und auf Ihre Abendvorträge. Einen Ihrer Vorträge haben wir gedruckt und werden ihn mit der Ordnung des Hauses an alle Kurgäste geben. Wir möchten herzlich danken für den positiven Einfluß, den Sie auf die Patienten ausübten."

Ich habe, als ich den Brief zur Seite legte, bewegt „Danke, Herr Jesus" gesagt, denn das war eine eindeutige Gebetserhörung.

Als ich zu jenem Kuraufenthalt fuhr, hatte ich eine vordringliche Bitte: Ich wollte dort ein Zeugnis für Jesus sein. Ich habe das in einem Gebet formuliert und immer wieder auf der Fahrt im Auto ausgesprochen: „Herr Jesus, es geht mir nicht zuerst um meine Gesundheit, sondern um deine Ehre."

Und dann öffneten sich von der ersten Stunde an viele Türen. Da war, bevor ich zur Aufnahme gerufen wurde, das Gespräch mit einem jungen Lehrer. Er vertraute mir seine Probleme an, und ich konnte ihm erklären, wie die persönliche Beziehung zu Jesus Christus alles in ein neues Licht rückt.

Kurz danach war es ein Abiturient, mit dem ich über meine Erfahrungen mit Gott sprechen konnte. Er war unwahrscheinlich offen.

Am ersten Therapietag geschah dann etwas Einschneidendes, es war eine Weichenstellung für die kommenden Wochen. Nach zwei Gymnastikstunden wurde am Nachmittag unsere Gruppe in eine Halle geführt. Man teilte uns mit, daß das Kurprogramm täglich mit einem autogenen Training beendet würde. Ich war sehr gespannt, wie so etwas abläuft und ob ich als Christ dazu ja sagen konnte. Aber der suggestive Charakter und die zum Teil religiösen Elemente dieser Technik (es fielen Begriffe wie „neugeboren", „gereinigt", „gelöst") ließen in mir den Entschluß reifen, mit der Kurverwaltung darüber zu sprechen. An diesem Tag bot sich dazu keine Gelegenheit mehr. Und dann geschah das Eigenartige, daß wir nie wieder zum autogenen Training gerufen wurden. Es fand nicht mehr statt. Dafür bekam ich die Gelegenheit, an jeweils zwei Abenden in der Woche Vorträge über den christlichen Glauben zu halten.

Eine Gymnastiklehrerin traf als erste eine Entscheidung für Jesus Christus. Danach bat mich ein junger Mann, für ihn zu beten. Auch er, der sich zuerst als Atheist bezeichnet hatte, übereignete sich Jesus Christus. In den folgenden Wochen wurde mein Zimmer zu einem Gebetsraum, und ich war in jeder freien Minute von Patienten umlagert.

Wenn ich an diese Wochen zurückdenke, muß ich sagen, daß es

nichts Außergewöhnliches war, was ich tat. Ich lebte einfach als Christ, stellte mich täglich Christus zur Verfügung und sprach von dem, was mich bewegte.

„Wir möchten Ihnen herzlich danken für den positiven Einfluß, den Sie auf die Kurgäste ausübten", war in diesem Brief zu lesen. Es war jedoch nicht mein Einfluß, sondern die praktische Verwirklichung des Jesus-Wortes: „. . . wird euer Friede auf sie kommen."

23. ... ich will euch zu Menschenfischern machen

„Folgt mir nach; ich will euch zu Menschenfischern machen!"
(Matthäus 4,19)

... das sagte Jesus Christus zu einigen Männern am See Genezareth. Die Bibel berichtet, daß sie gerade damit beschäftigt waren, ihre Netze zu reparieren. Fischfang war ihr Beruf. Abend für Abend fuhren sie hinaus auf den See, warfen die Netze und zogen sie wieder ein. Ihre Existenz hing davon ab. Und nun rief sie Jesus von den Netzen weg mit einem Wort, das sie aufhorchen ließ: „Menschenfischer!" Er sagte: *„Folgt mir nach; ich will euch zu Menschenfischern machen."* Das war eine völlig neue, eine ungewöhnliche Wortkombination, und sie sprach von einem völlig neuen und ungewöhnlichen Beruf: „Menschenfischer". Umschulung war angesagt. Fische hatten sie bis jetzt gefangen, von Sonntag bis Freitag, Woche um Woche, Jahr für Jahr. Hier kannten sie sich aus. Jetzt sollten sie Menschen fangen. Wann? Wo? Wie? Wozu? – Es gab viele offene Fragen. Aber Jesus hatte gesagt: *„... ich will euch zu Menschenfischern machen."* Er würde das Umschulungsprogramm in die Hand nehmen.

Charles Haddon Spurgeon schrieb: „Seelengewinnen ist das Hauptgeschäft des christlichen Predigers; eigentlich müßte es das Hauptgeschäft jedes wahren Gläubigen sein. Jeder von uns sollte mit Simon Petrus sprechen: *‚Ich will fischen gehen'* (Johannes 21,3); und mit Paulus sollte es unser Ziel sein: *‚... damit ich auf alle Weise einige rette'* (1. Korinther 9,22)."

Ein junger Mitarbeiter schrieb mir: „An diesem Wochenende habe ich eine Biographie über Carl Studd gelesen; dabei ist mir folgendes Zitat aufgefallen: ‚Es gibt solche, die innerhalb der Klangweite von Kirchen- oder Kapellenglocken zu leben wünschen. Ich aber möchte ein Geschäft zur Errettung innerhalb eines Abstandes von einem Meter vor der Hölle unterhalten!' – Möge das unsere Gesinnung sein", fügte jener junge Mann hinzu.

Es steht ganz außer Zweifel, daß jeder Christ dazu berufen ist, andere für Jesus zu gewinnen. Wir dürfen dieses „Geschäft" nicht den Evangelisten, den Pfarrern und Pastoren überlassen. Das ist kein Beruf, der eine theologische Ausbildung erfordert, sondern es ist eine Berufung mit Lebensausbildung. Jeder echte Nachfolger Jesu wird in der Jesusnachfolge von Jesus selbst zu einem „Menschenfischer" ausgebildet. Wenn Sie im Dienst für Jesus unterwegs sind, zu Hause, in der Schule, im Betrieb, auf der Straße, in der Begegnung mit Freunden und Fremden, dann dürfen Sie sich auf die folgenden Verheißungen berufen und verlassen:

(243) Matthäus 4,19

Folgt mir nach; ich will euch zu Menschenfischern machen.

Verheißung:
„. . . ich will euch zu Menschenfischern machen"

Bedingung:
Jesus Christus nachfolgen.

Parallel:
Markus 1,17

(244) Johannes 4,36

Wer erntet, empfängt schon seinen Lohn und sammelt Frucht zum ewigen Leben.

Verheißung:
„. . . empfängt schon seinen Lohn und sammelt Frucht zum ewigen Leben"

Erklärung:
Jesus weist seine Jünger darauf hin, daß „die Felder reif zur Ernte" sind. Es ist ein Bild für die vielen Menschen, die ihn als Retter brauchen. Wer nun bereit ist, in die Erntearbeit einzutreten, der wird „Frucht sammeln", d. h., er wird Menschen für Jesus Christus gewinnen und dafür auch belohnt werden.

Bedingung:
„Erntearbeiter" für Jesus sein.

(245) Johannes 12,24

Wenn das Weizenkorn nicht in die Erde fällt und erstirbt, bleibt es allein; wenn es aber erstirbt, bringt es viel Frucht.

Verheißung:
> „... bringt es viel Frucht"

Erklärung:
> Die Aussage „bleibt es allein" zeigt, daß Jesus hier von „Menschenfrucht" spricht, also davon, daß Menschen Kinder Gottes werden und ewiges Leben erhalten.

Bedingung:
> „ersterben", Aufgabe des Eigenlebens, damit Christus Sie als sein Werkzeug gebrauchen kann.

Erklärung:
> Zunächst gilt dieser Verheißungssatz für Jesus und seine Lebenshingabe am Kreuz, dann aber auch für alle, die Menschen für Jesus gewinnen wollen.

(246) Apostelgeschichte 28,28

So sei es euch kundgetan, daß den Heiden das Heil Gottes gesandt ist; und sie werden es hören.

Verheißung:
> „... und sie werden es (das Heil Gottes, das Evangelium) hören"

Erklärung:
> Es ist nicht das akustische Hören gemeint, sondern das Hören mit dem Herzen, auf das eine klare Antwort folgt, nämlich die Lebensübereignung an Jesus Christus.

Bedingung:
> Das Evangelium verkündigen.

(247) 1. Korinther 15,58

Darum, meine lieben Brüder, seid fest, unerschütterlich und nehmt immer zu in dem Werk des Herrn, weil ihr wißt, daß eure Arbeit nicht vergeblich ist in dem Herrn.

Verheißung:
„. . . daß eure Arbeit nicht vergeblich ist in dem Herrn"

Bedingung:
In der Jesusnachfolge und im Dienst standhaft sein. Nicht mit dem Status quo zufrieden sein, sondern neue Einsatzmöglichkeiten suchen, neue Wege beschreiten. Auch in dieser Verheißung geht es um das Gewinnen von Menschen für Christus.

(248) 2. Korinther 4,6

Gott, der sprach: Licht soll aus der Finsternis hervorleuchten, der hat einen hellen Schein in unsere Herzen gegeben, daß durch uns entstünde die Erleuchtung zur Erkenntnis der Herrlichkeit Gottes in dem Angesicht Jesu Christi.

Verheißung:
„. . . daß durch uns entstünde die Erleuchtung zur Erkenntnis der Herrlichkeit Gottes"

Bedingung:
Ein Mensch sein, in dessen Herz Gott diesen „hellen Schein" geben konnte. (Siehe auch Matthäus 5,14.)

Erklärung:
Im Kontext wird „Erleuchtung" der „Verblendung" (Vers 4) gegenübergestellt. Satan verblendet, Gott erleuchtet. Diese Erleuchtung aber soll durch erleuchtete Menschen geschehen. Das ist der wichtigste Auftrag der Nachfolger Jesu. Nur dadurch können Menschen für Jesus Christus gewonnen werden.

Keine Ahnung, aber ein brennendes Herz

Als ich mit 20 Jahren in einem kleinen Dorf meine erste Evangelisation hielt, hatte ich keine Ahnung, wie man Menschen zu Christus führt, aber ich hatte ein brennendes Herz, ein heißes Verlangen, Menschen für Jesus Christus zu gewinnen.
Abend für Abend füllte sich die kleine Kirche. Und dann wagte ich den ersten Aufruf zur Entscheidung für Christus. Ein Mädchen, 16 Jahre alt, meldete sich. Ich war überglücklich. Gott hatte mein Gebet erhört. Aber plötzlich wurde ich unruhig:

Was sollte ich jetzt tun? Das Aufstehen in der Öffentlichkeit war es doch noch nicht. Ich mußte mit jenem Mädchen sprechen und mit ihr beten. Und das versuchte ich dann auch. Es war wirklich nur ein Versuch, ein sehr unvollkommener sogar. Das Mädchen konnte trotz mehrerer Gebete nicht glauben, daß Jesus sie angenommen hatte. Aber nach einem weiteren Gespräch am folgenden Tag schenkte ihr Gott eine wunderbare Gewißheit. Ich werde das nie vergessen, wie sie kurz danach ihrer gläubigen Großmutter um den Hals fiel und mit Tränen der Freude in den Augen sagte, daß sie jetzt ein Kind Gottes sei. Damals war ich erst ein Jahr Christ, ein Anfänger-Azubi von Jesus, aber ich erlebte die Realität der Verheißung: „. . . ich will euch zu Menschenfischern machen."

Verheißungsgruppe 5:

Vom Sieg der völligen Hingabe

24. . . . den will auch ich bekennen

„Wer nun mich bekennt vor den Menschen, den will ich auch bekennen vor meinem himmlischen Vater" (Matthäus 10,32).

Das darf an dieser Stelle nicht verschwiegen werden, daß Jesus Christus im folgenden Satz sagt: *„Wer mich aber verleugnet vor den Menschen, den will ich auch verleugnen vor meinem himmlischen Vater."*
Wir haben es also hier mit einer überaus ernsten Angelegenheit zu tun. Das erste ist eine wunderbare Verheißung, sie gilt denen, die sich zu Jesus bekennen; das andere aber ist eine erschütternde Warnung, mit ihr müssen alle rechnen, die Jesus verleugnen. Daß es dabei nicht um ein einmaliges Versagen geht, dürfte klar sein, denn auch Petrus verleugnete Jesus Christus in jener Nacht des Verrats, aber Jesus Christus setzte ihn nicht ab, sondern gab ihm eine Chance zur Umkehr.
„Wer mich bekennt . . ." – Bekenner sind Leute, die sich mutig und kompromißlos in aller Öffentlichkeit auf die Seite Jesu stellen und das auch in Krisensituationen. Jesus Christus verspricht ihnen, daß er sich dann auch auf ihre Seite stellt. Er bekennt sie vor seinem Vater als seine Jünger, als seine Brüder und Schwestern.
Es ist ein Bekenntnis zu Jesus, wenn jemand das Zeichen des Fisches oder ein Bibelwort an seinem Auto anbringt.
Es ist ein Bekenntnis zu Jesus, wenn ein junger Mann ein T-Shirt trägt mit der Aufschrift: „Jesus is my Boss".
Es ist ein Bekenntnis zu Jesus, wenn ein Bundeswehrsoldat vom ersten Tag an die Bibel auf den Tisch legt oder ein christliches Poster über sein Bett hängt.
Es ist ein Bekenntnis zu Jesus, wenn ein Schüler „Jesus liebt dich" auf seine Schultasche schreibt und ein Lehrer ein „Jesus lebt"-Abzeichen trägt.
Es ist ein Bekenntnis zu Jesus, wenn einer seine Geburtstagsparty mit einem Gebet beginnt und erklärt, warum er keinen Alkohol anbietet.
Sie können diese Liste mit Ihren Erfahrungen erweitern. Es gibt unzählige Gelegenheiten im Alltag und am Sonntag, sich zu Je-

sus Christus zu bekennen. Daß dieses Bekenntnis nicht nur aus Worten bestehen darf, obwohl sie gerade hier eine zentrale Bedeutung haben, sondern daß es um das ganze Leben geht, muß wohl nicht besonders betont werden. Unser Leben spricht lauter als unsere Worte, aber unsere Worte müssen unser Leben deuten. Wenn der Name Jesus nicht genannt wird, sind Christen wie ein Wegweiser ohne Aufschrift. Darum lesen wir in der Bibel: *„So laßt uns nun durch Jesus Gott allezeit das Lobopfer darbringen, das ist die Frucht der Lippen, die seinen Namen bekennen"* (Hebräer 13,15).

(249) Matthäus 10,19.20

Wenn sie euch nun überantworten werden, so sorgt nicht, wie oder was ihr reden sollt; denn es soll euch zu der Stunde gegeben werden, was ihr reden sollt. Denn nicht ihr seid es, die da reden, sondern eures Vaters Geist ist es, der durch euch redet.

Verheißung:
> „. . . es soll euch zu der Stunde gegeben werden, was ihr reden sollt"
> „. . . eures Vaters Geist ist es, der durch euch redet"

Bedingung:
> Von Jesus gesandt sein (Vers 5), in seinem Auftrag handeln, als Bote Gottes leben (Vers 16).

Parallel:
> Lukas 12,11.12 (. . . der Heilige Geist wird euch in dieser Stunde lehren . . .)

(250) Matthäus 10,32

Wer nun mich bekennt vor den Menschen, den will ich auch bekennen vor meinem himmlischen Vater.

Verheißung:
> „. . . den will ich auch bekennen vor meinem himmlischen Vater"

Bedingung:
> Sich offen zu Jesus bekennen.

Parallel:
Lukas 12,8 (. . . den wird auch der Menschensohn bekennen vor den Engeln Gottes)

(251) Lukas 21, 15

Denn ich will euch Mund und Weisheit geben, der alle eure
Gegner nicht widerstehen noch widersprechen können.

Verheißung:
„Denn ich will euch Mund und Weisheit geben"

Erklärung:
Eine spezielle Verheißung für Christen, die verfolgt und
zur Rede gestellt werden.

(252) 1. Korinther 11,26

Denn sooft ihr von diesem Brot eßt und aus dem Kelch trinkt,
verkündigt ihr den Tod des Herrn, bis er kommt.

Verheißung:
„. . . verkündigt ihr den Tod des Herrn"

Erklärung:
„Verkündigen" muß hier genauer mit „proklamieren"
(KATANGELLETE) übersetzt werden. Die gemeinsame
Feier des Abendmahls ist eine Siegesproklamation der
Gemeinde über die Sünde und über die Finsternismächte.
Diese Proklamation geschieht nicht vor den Menschen,
denn die Gemeinde ist ja bei der Feier des Abendmahls
unter sich, sondern es ist eine Proklamation vor Satan und
seinen Engeln und Geistern.

Bedingung:
Das Abendmahl im Sinn Jesu feiern.

Vom ersten Tag an klar

Am 17. Juni 1956 traf ich als 19jähriger meine Entscheidung für
Jesus Christus. Ich war ganz allein in meinem Zimmer, kniete
nieder und sprach zu Jesus. Es war eine durchdachte und
durchkämpfte Entscheidung, es war eine kompromißlose Hingabe an Jesus Christus. Von diesem Tag an war mir klar, daß

ich auch in der Öffentlichkeit zu meinem Glauben an Jesus Christus stehen muß. „Muß" ist dabei nicht das richtige Wort, denn ich wollte es auch. Die Frage war nur: wie? Wie sollte ich das zum Beispiel meinen Kolleginnen und Kollegen sagen? Ich arbeitete damals in einem Textilbetrieb, jeder kannte mich, und nun sollte jeder wissen, daß Jesus Christus der Mittelpunkt meines Lebens ist. Ich entschloß mich, in der nächsten Mittagspause im Aufenthaltsraum öffentlich davon zu sprechen.

Es kostete Überwindung. Ich hatte das Herrnhuter Losungsbuch in der Hand, bat um Ruhe und berichtete, daß ich mich für ein Leben mit Jesus Christus entschieden habe. Dann las ich die Losung des Tages und erklärte, daß ich das jetzt jeden Tag in der Mittagspause tun würde. Einige schauten verlegen zur Seite, einige hatten Fragen, und einige griffen mich auch deswegen an.

Ich habe festgestellt, daß sich das Betriebsklima in den folgenden Wochen änderte. In meiner Nähe wurden keine dreckigen Witze mehr erzählt, und in persönlichen Krisensituationen wurde ich zum Gesprächspartner. Ich machte dabei zum ersten Mal die Erfahrung, daß sich Jesus Christus zu denen bekennt, die sich zu ihm bekennen.

25. . . . alle Dinge sind möglich

„Alle Dinge sind möglich dem, der da glaubt" (Markus 9,23).

Ein überzogenes Versprechen, könnte man mit Recht behaupten, wenn nicht Jesus diesen Satz gesagt hätte. So aber steht hinter ihm die letzte Instanz des Universums, Gottes Sohn, und darum ist er glaubwürdig. Aber sprechen nicht viele Erfahrungen gegen diese Verheißung? Zum Beispiel: Kranke, die glaubten und doch nicht gesund wurden, oder Krisensituationen, die sich trotz Gottvertrauen nicht zum Positiven wendeten? Jeder Christ könnte da seine Negativerfahrungen auf den Tisch legen. Wie gehen wir damit um? Das ist die brennende Frage. Ignorieren wir das einfach, oder sind solche Erfahrungen uns bereits zur Glaubensfalle geworden?
Die Bibel zeigt, daß Glauben zuallererst die persönliche Beziehung zu Jesus Christus markiert. Der Glaube geht nicht vorrangig mit Situationen um, sondern mit einer Person. Der Glaube stellt eine Beziehung her zwischen dem Glaubenden und Jesus Christus, eine Beziehung, die von der Liebe bestimmt ist, vergleichbar mit einer sehr guten Freundschaft. Und diese persönliche Beziehung öffnet dem Glaubenden die Augen für das, was Jesus will und was er nicht will. Wer so mit Jesus Christus verbunden ist, der will nur das, was Jesus will. Der Glaubende empfindet, ob er mit seinen Bitten das Zentrum des Willens Gottes trifft oder nicht. Und wer im Zentrum des Willens Gottes vertrauend bittet, der erlebt Erhörung. In diesem Sinn ist dem, der glaubt, der so glaubt, alles möglich. Und dann hat dieser Glaube eine unerschütterliche Gewißheit; er gründet sich auf die Aussage Jesu: „Bei Gott sind alle Dinge möglich" (Matthäus 19,26). Gott ist Gott! Bei ihm gibt es kein Unmöglich. Er kann alles! Von Abraham schreibt die Bibel, daß er dem Gott geglaubt hat, *„der die Toten lebendig macht und ruft das, was nicht ist, daß es sei"* (Römer 4,17).
Beachten Sie dazu noch eine zentrale Aussage zum Thema Glauben: *„Es ist aber der Glaube eine feste Zuversicht auf das, was man hofft, und ein Nichtzweifeln an dem, was man (noch) nicht sieht"* (Hebräer 11,1). Der Glaube ist nur dann verheißungsvoll, wenn

er eine Hoffnung hat, wenn er von einer von Gott in uns hinein-
gelegten Erwartung bestimmt wird. Gelegentlich wird diese
Hoffnung durch ein Bibelwort gegeben, das ich als ein Wort für
mich nehmen kann, aber es kann auch eine innere, nicht zu erklärende Gewißheit sein. Daran hält sich dann der Glaube, und
daran wächst er. Beachten Sie in diesem Sinn die folgenden
Verheißungen.

(253) Matthäus 19,26

Bei den Menschen ist's unmöglich; aber bei Gott sind alle Dinge
möglich.

Verheißung:
„. . . bei Gott sind alle Dinge möglich"

Erklärung:
Diese Aussage wird hier in Verbindung mit der Frage der
Jünger gemacht: „. . . wer kann dann selig werden", also
in den Himmel kommen?

Parallel:
Lukas 18,27 („Was bei den Menschen unmöglich ist, das
ist bei Gott möglich.")

(254) Markus 9,23

Alle Dinge sind möglich dem, der da glaubt.

Verheißung:
„Alle Dinge sind möglich"

Bedingung:
Glauben

Siehe auch:
Matthäus 17,20 („Vollmacht für den Dienst")

(255) Johannes 11,40

Habe ich dir nicht gesagt: Wenn du glaubst, wirst du die Herrlichkeit Gottes sehen?

Verheißung:
„. . . wirst du die Herrlichkeit Gottes sehen"

Erklärung:
Die Menschen, die auf dem Friedhof in Bethanien zusammengekommen waren, sahen mit Martha und Maria die Herrlichkeit Gottes, denn vor ihren Augen rief Jesus Lazarus, der schon vier Tage im Grab lag, aus dem Felsengrab heraus.

Bedingung:
Glaube an eine vom Heiligen Geist persönlich zugesprochene Verheißung.

Gott kann Wunder tun

Es war an einem der letzten Abende einer Zeltevangelisation. Dem öffentlichen Ruf zur Entscheidung für Jesus Christus waren viele gefolgt. Plötzlich stürmte eine Gruppe linksradikaler Jugendlicher ins Zelt. Sie brüllten gotteslästerliche Parolen und schlugen einen älteren Mann zu Boden. Einige Mitarbeiter versuchten, die Gruppe auseinanderzusprengen, indem sie dazwischentraten, um mit einzelnen zu reden. Wir haben den Anbetungs-Chorus „Majestät..." angestimmt. Hunderte hoben dabei die Hände betend zu Gott empor. Die jungen Leute rissen mit wutverzerrten Gesichtern die Arme hoch und ballten die Hände zur Faust. Die Feuerwehr funkte ohne unseren Auftrag nach der Polizei. Sie rückte mit zwei Streifenwagen an. Ein Mitarbeiter bat sie jedoch, nicht einzugreifen. So beobachteten sie die Lage außerhalb des Zeltes. Es gab heiße und, wie es schien, sinnlose Diskussionen. Die linksradikalen Jugendlichen waren zu keinem echten Gespräch bereit. Ihre Argumente bestanden aus Beleidigungen und schweinischen Parolen. Schließlich fuhren die jungen Leute fluchend und tobend davon. Einer von ihnen zog noch seine Hose herunter, um uns so seine Verachtung zu zeigen.
Ursprünglich hatten wir ein Nachtkino nach der evangelistischen Veranstaltung geplant. Ich sagte es auf dem Hintergrund dieses Geschehens ab und lud zu einer Gebetsnacht ein. Wir bildeten im vorderen Teil des Missionszeltes einen großen Gebetskreis. Gegen 23 Uhr wurde ich innerlich gedrängt, für diese jungen Menschen zu beten und ihnen im Namen Jesu die Vergebung für diesen Überfall und für alle Beleidigungen zuzusprechen. Und genau in diesem Augenblick geschah etwas Un-

glaubliches. Die gleichen Jugendlichen kamen wieder ins Zelt. Aber diesmal in einer völlig anderen Haltung. Sie gingen zu einigen Mitarbeitern und entschuldigten sich für ihr Verhalten. Und dann wurde sehr offen über den christlichen Glauben gesprochen. Einer von ihnen nannte sehr offen seine Probleme und bat uns, ihm zu schreiben. Nach der Erfahrung in dieser Nacht wurde uns wieder bewußt, daß bei Gott alle Dinge möglich sind und der Glaube den Sieg bringt.

Verheißungsgruppe 6:

Von der zukünftigen Herrlichkeit

26. ... es wird ihm nicht unbelohnt bleiben

„Wer einem dieser Geringen auch nur einen Becher kalten Wassers zu trinken gibt, weil es ein Jünger ist, wahrlich ich sage euch: es wird ihm nicht unbelohnt bleiben" (Matthäus 10,42).

In der Bibel ist oft von Belohnung die Rede, von Belohnung in diesem Leben und im kommenden Leben, von Belohnung im Diesseits und im Jenseits. Gott läßt sich nichts schenken. Und wenn einer nur einen *„Becher kalten Wassers"* einem Durstigen reicht, unser Herr sieht und bewertet es. Es wäre allerdings verhängnisvoll, wenn wir mit Berechnung Gutes tun würden. Dann hätten wir, wie Jesus einmal gesagt hat, unseren *„Lohn schon gehabt"* (Matthäus 6,2).

Für mich war das immer schon „Lohn", wenn ich für Gott und im Namen Jesu etwas tun durfte. Ich habe dafür nie Dank oder Anerkennung von Menschen erwartet, im Gegenteil, es war mir peinlich. Ich habe den Dank mit einem Fingerzeig nach oben an die Stelle weitergeleitet, wo er hingehört. Ich war bloß Werkzeug, Werkzeug in der Hand des Meisters, Jesus. Und da kann ich nur staunend sagen: Welch ein gewaltiges Vorrecht ist das. Es war der größte Lohn, daß ich das sein durfte.

Die Bibel zeigt in den folgenden Verheißungen, daß Gott die, die ihm zur Verfügung stehen, belohnt. Das gilt anbruchhaft für dieses Leben und wird vollkommen in der Ewigkeit geschehen. Gott belohnt hier und jetzt mit einem sinnerfüllten Leben. Wenn der Philosoph Sartre von einem „sinnlosen Ansichsein" spricht, dann kann der Christ von einem „sinnvollen Für-Ihn-sein" sprechen. Gott belohnt hier mit seiner Gegenwart, denn er hat denen, die für ihn leben, zugesichert, daß „er alle Tage bei ihnen ist" (Matthäus 28,20). Die Gegenwart Jesu ist das größte Geschenk, der größte Lohn. In der Bibel steht: „Wie sollte Gott uns mit ihm (Jesus Christus) nicht alles schenken?" (Römer 8,32). Seine Gegenwart ist Geborgenheit, Frieden, Freude, Vollmacht, Liebe, Hoffnung und all das, was Sie an bleibenden und wirklich das Leben erfüllenden Werten nennen können.

Gott aber hält auch Lohn in letzter Vollendung im Himmel bereit. Davon spricht die Bibel nur in Bildern, in Vergleichen, in bruchstückhaften Andeutungen, weil menschliches Vorstellungsvermögen absolut unzureichend dafür ist. „Das Schönste kommt noch" – so lautet ein Buchtitel von Otto Riecker. Und wenn Sie die folgenden Verheißungen lesen, dann werden Sie dem zustimmen können.

(256) Matthäus 5,19

Wer nun eines von diesen kleinsten Geboten auflöst und lehrt die Leute so, der wird der Kleinste heißen im Himmelreich; wer es aber tut und lehrt, der wird groß heißen im Himmelreich.

Verheißung:
> „. . . der wird groß heißen im Himmelreich"

Bedingung:
> Gottes Wort ohne Abstrich lehren.

(257) Matthäus 6,3.4

Wenn du aber Almosen gibst, so laß deine linke Hand nicht wissen, was die rechte tut, damit dein Almosen verborgen bleibe; und dein Vater, der in das Verborgene sieht, wird dir's vergelten.

Verheißung:
> „. . . dein Vater, der in das Verborgene sieht, wird dir's vergelten"

Bedingung:
> Aus echtem inneren Erbarmen, aus Liebe geben, helfen, dienen.

(258) Matthäus 10,42

Wer einem dieser Geringen auch nur einen Becher kalten Wassers zu trinken gibt, weil es ein Jünger ist, wahrlich ich sage euch: es wird ihm nicht unbelohnt bleiben.

Verheißung:
> „. . . es wird ihm nicht unbelohnt bleiben"

Bedingung:
  Einem Boten Jesu etwas Gutes tun.

Parallel:
  Markus 9,41

(259) Matthäus 13,43

Dann werden die Gerechten leuchten wie die Sonne in ihres Vaters Reich.

Verheißung:
  „. . . leuchten wie die Sonne in ihres Vaters Reich"

Bedingung:
  Zu den Gerechten gehören.

Erklärung:
  Das ist keine erworbene, keine verdiente Gerechtigkeit, sondern eine geschenkte Gerechtigkeit. Sie wird dem gegeben, der sein Vertrauen auf Jesus setzt (Römer 5,1).

(260) Matthäus 19,29

Wer Häuser oder Brüder oder Schwestern oder Vater oder Mutter oder Kinder oder Äcker verläßt um meines Namens willen, der wird's hundertfach empfangen und das ewige Leben ererben.

Verheißung:
  „. . . der wird's hundertfach empfangen und das ewige Leben ererben"

Bedingung:
  Kompromißlose Nachfolge Jesu, die auch zum Verzicht bereit ist. Eine Nachfolge, in der Jesus der erste ist und in der Jesus alles ist.

Parallel:
  Markus 10,30 (die Verheißung wird erweitert und konkretisiert mit der Aussage: „. . . jetzt in dieser Zeit Häuser und Brüder und Schwestern und Mütter und Kinder und Äcker mitten unter Verfolgungen". Siehe auch Lukas 18,29.30)

(261) Matthäus 24,47

Wahrlich, ich sage euch: Er wird ihn über alle seine Güter setzen.

Verheißung:

„. . . er wird ihn über alle seine Güter setzen"

Bedingung:

Ein „treuer und kluger Knecht" sein (Vers 45), also ein Nachfolger Jesu, der das in Treue, in Hingabe und geistlicher Einsicht tut, was Jesus ihm aufgetragen hat.

Parallel:

Lukas 12,44

(262) Matthäus 25,21.23

Da sprach sein Herr zu ihm: Recht so, du tüchtiger und treuer Knecht, du bist über wenigem treu gewesen, ich will dich über viel setzen; geh hinein zu deines Herrn Freude!

Verheißung:

„. . . ich will dich über viel setzen"

Bedingung:

Siehe Bedingung in Matthäus 24,47. Wird hier erweitert mit dem Begriff „tüchtig", also einsatzbereit.

(263) Matthäus 25,29

Denn wer da hat, dem wird gegeben werden, und er wird die Fülle haben.

Verheißung:

„. . . dem wird gegeben werden, und er wird die Fülle haben"

Bedingung:

Die Gaben (Charismen, geistliche Gaben, aber auch irdische Gaben), ja das ganze Leben für Gott und seine Sache einsetzen.

Erklärung:

Beachten Sie dabei den Kontext, das Gleichnis von den

anvertrauten Zentnern, besonders die Aussage: „Nach langer Zeit kam der Herr dieser Knechte (Wiederkunft Jesu)." Die gleiche Verheißung finden Sie in Matthäus 13,12. Dort wird sie jedoch auf einem anderen Texthintergrund gesprochen.

(264) Matthäus 25,34

Da wird dann der König sagen zu denen zu seiner Rechten: Kommt her, ihr Gesegneten meines Vaters, ererbt das Reich, das euch bereitet ist von Anbeginn der Welt!

Verheißung:
> „. . . ererbt das Reich, das euch bereitet ist"

Bedingung:
> Gutes tun.

Erklärung:
> Verse 35–40: Sie waren so eng mit Jesus verbunden, daß ihre guten Taten wie selbstverständlich geschehen sind. Sie haben sie nicht registriert, sie waren eine Lebensäußerung ihrer inneren Beziehung zu Jesus. Es wäre also falsch, auf diesem Text eine Theologie der guten Werke aufzubauen.

(265) Lukas 6,22.23

Selig seid ihr, wenn euch die Menschen hassen und euch ausstoßen und schmähen und verwerfen euren Namen als böse um des Menschensohnes willen. Freut euch an jenem Tage und springt vor Freude; denn siehe, euer Lohn ist groß im Himmel.

Verheißung:
> „. . . euer Lohn ist groß im Himmel"

Bedingung:
> Auch unter Verfolgung Jesus die Treue halten und ihn mutig als Herrn und Retter bekennen.

(266) Lukas 12,32

Fürchte dich nicht, du kleine Herde! Denn es hat eurem Vater wohlgefallen, euch das Reich zu geben.

Verheißung:

„. . . es hat eurem Vater wohlgefallen, euch das Reich zu geben"

Bedingung:

Zur „kleinen Herde" zu gehören, also zu den Männern und Frauen, die durch Wiedergeburt Glieder am Leib Jesu Christi geworden sind.

(267) Lukas 12,37

Selig sind die Knechte, die der Herr, wenn er kommt, wachend findet. Wahrlich, ich sage euch: Er wird sich schürzen und wird sie zu Tisch bitten und kommen und ihnen dienen.

Verheißung:

„. . . er wird sie zu Tisch bitten und kommen und ihnen dienen"

Bedingung:

Boten Jesu sein, die auf die Wiederkunft Jesu wachend warten.

(268) Lukas 14,13.14

Sondern wenn du ein Mahl machst, so lade Arme, Verkrüppelte, Lahme und Blinde ein, dann wirst du selig sein, denn sie haben nichts, um es dir zu vergelten; es wird dir aber vergolten werden bei der Auferstehung der Gerechten.

Verheißung:

„. . . es wird dir aber vergolten werden bei der Auferstehung der Gerechten"

Bedingung:

Die einladen und bewirten, die es nicht vergelten können.

Erklärung:

Die Grundhaltung des Menschen ist angesprochen. Tun wir Gutes mit dem Hintergedanken, daß der andere dann an uns auch Gutes tut? Oder sind wir zur selbstlosen Hilfe bereit?

(269) Apostelgeschichte 20,32

Und nun befehle ich euch (Paulus die Gemeindeleiter von Ephesus) Gott und dem Wort seiner Gnade, der da mächtig ist, euch zu erbauen und euch das Erbe zu geben mit allen, die geheiligt sind.

Verheißung:
„. . . euch das Erbe zu geben mit allen, die geheiligt sind"

Bedingung:
„geheiligt sein" – d. h. Jesus zur Verfügung stehen mit Geist, Seele und Leib und allem Besitz.

(270) Apostelgeschichte 26,17.18

Ich (Jesus Christus) sende dich (Paulus) zu den Heiden, um ihnen die Augen aufzutun, daß sie sich bekehren von der Finsternis zum Licht und von der Gewalt des Satans zu Gott. So werden sie Vergebung der Sünden empfangen und das Erbteil samt denen, die geheiligt sind durch den Glauben an mich.

Verheißung:
„. . . So werden sie Vergebung der Sünden empfangen"
(siehe auch „Vergebung der Sünden")
„und das Erbteil samt denen, die geheiligt sind"

Bedingung:
Lebensumkehr von der Finsternis (Begriff für Werke und Wesen des Teufels) zum Licht (ein Begriff für das neue und geheiligte Leben) und von Satan zu Gott durch eine Lebensübereignung (Glauben) an Jesus Christus.

(271) Römer 8,17

Sind wir aber Kinder, so sind wir auch Erben, nämlich Gottes Erben und Miterben Christi, wenn wir denn mit ihm leiden, damit wir auch mit zur Herrlichkeit erhoben werden.

Verheißung:
„. . . damit wir auch mit zur Herrlichkeit erhoben werden"

Bedingung:
   Die Bereitschaft, in diesem Leben auch um Jesu willen zu
   leiden (Verfolgung, Spott, Verachtung).

(272) Römer 8,18

Denn ich bin überzeugt, daß dieser Zeit Leiden nicht ins Ge-
wicht fallen (völlig unbedeutend sind) gegenüber der Herrlichkeit, die an uns offenbart werden soll.

Verheißung:
   „. . . Herrlichkeit, die an uns offenbart werden soll"
Bedingung:
   siehe Römer 8,17

(273) 1. Korinther 3,14

Wird jemandes Werk bleiben, das er darauf gebaut hat (das
Fundament, auf das das Leben gebaut werden soll, ist Jesus,
Vers 11), so wird er Lohn empfangen.

Verheißung:
   „. . . so wird er Lohn empfangen"
Bedingung:
   Auf das Fundament Jesus das Leben stellen und ihm so
   zur Verfügung stehen, daß er uns zu seiner Ehre gebrauchen kann.
Erklärung:
   Es ist von Werken die Rede, die mit „Gold, Silber und
   Edelsteinen" verglichen werden (Vers 12), Dingen, die
   dem Feuer standhalten, die „unvergänglich" sind. Im
   übertragenen Sinn bedeutet das, daß Christen nicht ihr
   neues Leben mit vergänglichen Dingen ausfüllen sollen
   wie Hobbies, Vergnügungen oder eigener Imagepflege.

(274) 1. Korinther 4,5

Darum richtet nicht vor der Zeit, bis der Herr kommt, der auch
ans Licht bringen wird, was im Finstern verborgen ist, und
wird das Trachten der Herzen offenbar machen. Dann wird
einem jeden von Gott sein Lob zuteil werden.

Verheißung:
„. . . dann wird einem jeden von Gott sein Lob zuteil werden"

(275) 1. Korinther 9,25

Jeder aber, der kämpft, enthält sich aller Dinge; jene nun, damit sie einen vergänglichen Kranz empfangen, wir aber einen unvergänglichen.

Verheißung:
„. . . wir aber einen unvergänglichen (Kranz, Siegespreis)"

Erklärung:
Der Apostel Paulus greift das Bild der sportlichen Kampfspiele auf. Das Ziel eines Wettkämpfers ist der Siegeskranz. Allerdings ist er vergänglich. Der Christ erhält am Ziel seines Einsatzes einen unvergänglichen Siegeskranz.

Bedingung:
Sich all der Dinge enthalten, die für einen siegreichen Kampf unnütz und hinderlich sind.

(276) 2. Korinther 5,10

Wir müssen alle offenbar werden vor dem Richterstuhl (Preisrichterbühne, ein Begriff, der aus dem Sportbereich genommen ist) Christi, damit jeder seinen Lohn empfange für das, was er getan hat bei Lebzeiten, es sei gut oder böse.

Verheißung:
„. . . damit jeder seinen Lohn empfange"

Erklärung:
Der hier genannte „Richterstuhl" ist etwas anderes als der „große weiße Thron", von dem in Offenbarung 20,11 die Rede ist. Darum dürfen auch diese beiden Gerichte nicht miteinander verwechselt werden. Vor dem „Richterstuhl" werden an Jesus Christus gläubige Menschen stehen. Vor dem „großen weißen Thron" stehen Ungläubige.

(277) Galater 6,9

Laßt uns aber Gutes tun und nicht müde werden; denn zu seiner Zeit werden wir auch ernten, wenn wir nicht nachlassen.

Verheißung:

„. . . denn zu seiner Zeit werden wir auch ernten"

Bedingung:

Gutes tun, ohne müde zu werden und ohne nachzulassen, auch wenn wir keinen Dank von Menschen dafür erhalten.

(278) Epheser 6,8

Denn ihr wißt: Was ein jeder Gutes tut, das wird er vom Herrn empfangen, er sei Sklave oder Freier.

Verheißung:

„. . . das wird er vom Herrn empfangen"

Bedingung:

Gutes tun.

(279) Kolosser 3,23.24

Alles, was ihr tut, das tut von Herzen als dem Herrn und nicht den Menschen, denn ihr wißt, daß ihr von dem Herrn als Lohn das Erbe empfangen werdet. Ihr dient dem Herrn Christus!

Verheißung:

„. . . daß ihr von dem Herrn als Lohn das Erbe empfangen werdet"

Bedingung:

Von Herzen dem Herrn Jesus Christus dienen und nicht „Menschendiener" sein, nicht von Menschen Anerkennung und Dank erwarten.

(280) 2. Thessalonicher 1,6.7

Denn es ist gerecht bei Gott, euch, die ihr Bedrängnis leidet, Ruhe zu geben mit uns, wenn der Herr Jesus sich offenbaren wird vom Himmel her mit den Engeln seiner Macht.

Verheißung:
> „. . . euch Ruhe zu geben mit uns"

(281) 2. Thessalonicher 2,14

. . . wozu er euch auch berufen hat durch unser Evangelium, damit ihr die Herrlichkeit unseres Herrn Jesus Christus erlangt.

Verheißung:
> „. . . damit ihr die Herrlichkeit unseres Herrn Jesus Christus erlangt"

Bedingung:
> Zwei Bedingungen werden in Vers 13 genannt: „Heiligung durch den Geist" und „Glauben an die Wahrheit".

(282) 2. Timotheus 4,8

. . . hinfort liegt für mich (Paulus) bereit die Krone der Gerechtigkeit, die mir der Herr, der gerechte Richter, an jenem Tage geben wird, nicht aber mir allein, sondern auch allen, die seine Erscheinung liebhaben.

Verheißung:
> „. . . hinfort liegt für mich bereit die Krone der Gerechtigkeit . . ., nicht aber mir allein, sondern auch allen . . ."

Bedingung:
> Daß Menschen sehnsuchtsvoll auf sein Kommen warten. Das ist nur durch eine von der Liebe geprägte innere Beziehung zu Jesus möglich.

(283) 1. Petrus 1,3.4

Gelobt sei Gott, der Vater unseres Herrn Jesus Christus, der uns nach seiner großen Barmherzigkeit wiedergeboren hat zu einer lebendigen Hoffnung durch die Auferstehung Jesu Christi von den Toten, zu einem unvergänglichen und unbefleckten und unverwelklichen Erbe, das aufbewahrt wird im Himmel für euch.

Verheißung:
> „. . . zu einem unvergänglichen und unbefleckten und unverwelklichen Erbe"

Bedingung:
  Wiedergeboren sein.

(284) 1. Petrus 3,9

Vergeltet nicht Böses mit Bösem oder Scheltwort mit Scheltwort, sondern segnet vielmehr, weil ihr dazu berufen seid, daß ihr den Segen ererbt.

Verheißung:
  „. . . weil ihr dazu berufen seid, daß ihr den Segen ererbt"
Bedingung:
  Die Bereitschaft, auch die zu segnen, die uns unrecht tun.

(285) Hebräer 10,35.36

Darum werft euer Vertrauen nicht weg, welches eine große Belohnung hat. Geduld aber habt ihr nötig, damit ihr den Willen Gottes tut und das Verheißene empfangt.

Erklärung:
  Der Kontext spricht von der Zukunftshoffnung der Nachfolger Jesu (Verse 34 + 37).
Verheißung:
  „. . . welches eine große Belohnung hat"
  „. . . und das Verheißene empfangt"
Bedingung:
  Vertrauen zu Jesus Christus und Vertrauen auf seine Zusagen. Dieses Vertrauen muß geduldig durchgehalten werden.

(286) Jakobus 1,12

Selig ist der Mann (Frau), der die Anfechtung erduldet; denn nachdem er bewährt ist, wird er die Krone des Lebens empfangen, die Gott verheißen hat denen, die ihn liebhaben.

Verheißung:
  „. . . wird er die Krone des Lebens empfangen"
Bedingung:
  Die Anfechtung (z. B. unbegreifliche Lebensführungen,

von Brüdern und Schwestern mißverstanden werden) erdulden. In Vers 2 wird sogar gesagt, daß wir uns über Anfechtungen freuen sollen, weil wir dadurch geistliches Wachstum und geistliche Stabilität erlangen.

(287) Offenbarung 2,7

Wer überwindet (siegt), dem will ich zu essen geben von dem Baum des Lebens, der im Paradies Gottes ist.

Verheißung:
„... dem will ich zu essen geben von dem Baum des Lebens"

Bedingung:
„überwinden", im Grundtext „als Sieger hervorgehen". Angesprochen sind in dieser und den folgenden Verheißungen der Offenbarung die vielfältigen Angriffe und Versuchungen, die auf die Gemeinde Jesu und auf den einzelnen Christen zukommen. Differenziert werden sie in den sogenannten Sendschreiben genannt.

(288) Offenbarung 2,10

Sei getreu bis an den Tod, so will ich dir die Krone des Lebens geben.

Verheißung:
„... so will ich dir die Krone des Lebens geben"

Bedingung:
Bis in die Sterbestunde hinein Jesus die Treue halten.

(289) Offenbarung 2,11

Wer überwindet, dem soll kein Leid geschehen von dem zweiten Tode.

Verheißung:
„... dem soll kein Leid geschehen von dem zweiten Tode"

Bedingung:
überwinden

Erklärung:
   In Offenbarung 20,14 wird erklärt, was der zweite Tod ist;
   es ist der „feurige Pfuhl", auch Hölle genannt, der ursprünglich für Satan und seine Dämonen bestimmt war
   (Offenbarung 20,10). Es ist ein Ort furchtbarer Qual.

(290) Offenbarung 2,17

Wer überwindet, dem will ich geben von dem verborgenen
Manna und will ihm geben einen weißen Stein; und auf dem
Stein ist ein neuer Name geschrieben, den niemand kennt als
der, der ihn empfängt.

Verheißung:
   „. . . dem will ich geben von dem verborgenen Manna"
   „. . . und will ihm geben einen weißen Stein . . ."
Bedingung:
   überwinden

(291) Offenbarung 3,5

Wer überwindet, der soll mit weißen Kleidern angetan werden,
und ich werde seinen Namen nicht austilgen aus dem Buch des
Lebens, und ich will seinen Namen bekennen vor meinem Vater und vor seinen Engeln.

Verheißung:
   „. . . der soll mit weißen Kleidern angetan werden"
   „. . . ich werde seinen Namen nicht austilgen aus dem
   Buch des Lebens"
   „. . . ich will seinen Namen bekennen vor meinem Vater
   und vor seinen Engeln"
Bedingung:
   überwinden

(292) Offenbarung 3,12

Wer überwindet, den will ich machen zum Pfeiler in dem Tempel meines Gottes, und er soll nicht mehr hinausgehen, und ich
will auf ihn schreiben den Namen meines Gottes und den Namen des neuen Jerusalem, der Stadt meines Gottes.

Verheißung:
„. . . den will ich machen zum Pfeiler in dem Tempel meines Gottes"
„. . . ich will auf ihn schreiben den Namen meines Gottes"
„. . . und den Namen des neuen Jerusalem, der Stadt meines Gottes"

Bedingung:
überwinden

(293) Offenbarung 3,21

Wer überwindet, dem will ich geben, mit mir auf meinem Thron zu sitzen, wie auch ich überwunden habe und mich gesetzt habe mit meinem Vater auf seinen Thron.

Verheißung:
„. . . dem will ich geben, mit mir auf meinem Thron zu sitzen"

Bedingung
überwinden

(294) Offenbarung 14,13

Selig sind die Toten, die in dem Herrn sterben von nun an. Ja, spricht der Geist, sie sollen ruhen von ihrer Mühsal; denn ihre Werke folgen ihnen nach.

Verheißung:
„. . . denn ihre Werke folgen ihnen nach"

Bedingung:
„in dem Herrn" – eine Redewendung für Menschen, die ihr Leben Jesus Christus übereignet haben.

(295) Offenbarung 21,7

Wer überwindet, der wird es alles ererben, und ich werde sein Gott sein, und er wird mein Sohn sein.

Verheißungen:
„. . . der wird es alles ererben"
„. . . und ich werde sein Gott sein"

„. . . und er wird mein Sohn sein"

Bedingung:

„überwinden" – Sieger sein in der Gemeinschaft mit dem Sieger Jesus, in der Treue zu ihm und in der totalen Abhängigkeit von ihm.

Beschenktes Leben

Während ich diese Zeilen schreibe, schaue ich zurück auf 38 Jahre Leben mit Jesus Christus. Und ich mache mir Gedanken darüber, was wohl aus mir geworden wäre, wenn ich damals diese Entscheidung für Christus nicht getroffen hätte. Vor dieser Möglichkeit erschrecke ich. Alles wäre dann anders gelaufen, schrecklich anders. Ich weiß nicht wie, aber ich ahne etwas von der Sinnlosigkeit, der Enge, der Ichbezogenheit, den Bindungen an satanische Mächte und der Ziellosigkeit eines Lebens ohne persönliche Beziehung zu Jesus Christus und ohne Geführtwerden durch den Heiligen Geist. Jetzt kann ich mit dem Dichter Fritz Woike bekennen: „Du hast mein Leben so reich gemacht, dem heißen Sehnen Erfüllung gebracht."

Ja, ich habe ein erfülltes Leben. Jesus Christus hat mich reich beschenkt. Welch ein wunderbares Geschenk, wenn ich am Morgen erwache und mit Dank und Freude „Vater" sagen darf. Ich bin ein Kind des Höchsten, ein Kind Gottes. Und wenn ich jetzt von allen Geschenken Gottes berichtete, dann würde es den Rahmen dieses Buches sprengen. Ich müßte von Ehe und Familie sprechen, von meinem Beruf als Evangelist und von vielen gesegneten Begegnungen mit Menschen, von wunderbaren Gebetserhörungen und von erstaunlichen Erfahrungen der Kraft Gottes. Ist das Lohn? Wofür? Wenn die Bibel es Belohnung nennt, gut, ich kann es nur Gnade nennen. Und wenn Gott schon hier so reich beschenkt, was werden seine Leute erst drüben einmal erfahren? Das ist in der Tat unausdenkbar und darum auch unaussprechlich.

27. ... der wird nicht gerichtet

„Wahrlich, wahrlich, ich sage euch: Wer mein Wort hört und glaubt dem, der mich gesandt hat, der hat das ewige Leben und kommt nicht in das Gericht, sondern er ist vom Tode zum Leben hindurchgedrungen" (Johannes 5,24).

Im christlichen Glaubensbekenntnis sprechen wir: „... von dort wird er kommen, zu richten die Lebenden und die Toten", gemeint ist Jesus Christus. Wir haben hier eine Zusammenfassung über das Thema „Wiederkunft Jesu" und „Gericht". Für ein Glaubensbekenntnis ist eine solche Kurzfassung o. k. Ein Christ jedoch sollte klarere Informationen haben, und die finden wir in der Bibel.

Bei vielen Gesprächen mit Christen stelle ich fest, daß das Glaubensbekenntnis dazu verführt hat, alle Aussagen der Bibel zum Thema Gericht auf den Prozeß zu beschränken, von dem in Offenbarung 20 die Rede ist:

„Und ich sah einen großen, weißen Thron und den, der darauf saß; vor seinem Angesicht flohen die Erde und der Himmel, und es wurde keine Stätte für sie gefunden. Und ich sah die Toten, groß und klein, stehen vor dem Thron, und Bücher wurden aufgetan."

Es ist ein beeindruckendes Blitzlicht aus dem Endzeitszenarium. Der Mammutprozeß im Jenseits. Ein Thron, der alles überragt. Die Majestät Gottes, vor der das Materielle vergeht. Milliarden, die auf ihren Prozeß warten. Schriftrollen (gespeicherte Daten), in denen das Leben der Menschen aufgezeichnet ist. Wie gesagt, nur ein Schlaglicht, eine Momentaufnahme. Unwahrscheinlich beeindruckend.

Aber das ist nicht die einzige Stelle der Bibel, die vom Gericht spricht, und vor allem, es ist nicht der einzige Prozeß, von dem die Bibel berichtet. Da muß vor allem als Ergänzung 1. Korinther 3,11–15 genannt werden. Dort ist von einem völlig anderen Gericht die Rede, dort werden andere Maßstäbe angelegt, dort werden andere Menschen beurteilt, und dort geht keiner verloren. Hören Sie auch diese biblische Schilderung:

„Einen anderen Grund kann niemand legen als den, der gelegt ist, welcher ist Jesus Christus. Wenn aber jemand auf den Grund baut

Gold, Silber, Edelsteine, Holz, Heu, Stroh, so wird das Werk eines je-
den offenbar werden. Der Tag des Gerichts wird's klar machen; denn
mit Feuer wird er sich offenbaren. Und von welcher Art eines jeden
Werk ist, wird das Feuer erweisen. Wird jemandes Werk bleiben, das
er darauf gebaut hat, so wird er Lohn empfangen. Wird aber jemandes
Werk verbrennen, so wird er Schaden leiden; er selbst aber wird geret-
tet werden . . ."

Im erstgenannten Gericht stehen Nichtchristen vor dem Thron.
Sie werden „Tote" genannt. Von Christen sagt die Bibel, daß sie
„aus dem Tod in das Leben gekommen sind" (1. Johannesbrief
3,14), und von ihnen sagt Jesus unzweideutig:
„Wer mein Wort hört und glaubt dem, der mich gesandt hat, der hat
das ewige Leben und kommt nicht in das Gericht."
Der Apostel Paulus schreibt an die Christen in Korinth:
„Wißt ihr nicht, daß die Heiligen (so bezeichnet der Apostel Paulus
alle Christen) die Welt richten werden?" (1. Korinther 6,2)
Christen werden also nicht in jenem Endgericht beurteilt, sondern sie werden sozusagen als Schöffen zur Beurteilung heran-
gezogen. Aber alle Christen werden in jenem „Preisgericht" beurteilt, von dem im 1. Korintherbrief Kapitel 3 die Rede ist. Sie
haben ihr Leben auf das Fundament Jesus gebaut (Vers 11 und
12). Und es kommt jetzt darauf an, was sie mit diesem neuen
Leben, das Gott ihnen in der Lebenshingabe an Jesus gegeben
hat, gemacht haben. Haben sie für Jesus Christus gelebt, oder
haben sie nach ihrer Wiedergeburt weiterhin nur für sich und
für irdische Ziele gelebt? Das wird zur Sprache kommen.
Wenn Sie in den folgenden Verheißungen von Gericht lesen,
dann beachten Sie bitte, daß es sich immer um das Endgericht
handelt.

(296) Johannes 3,18

Wer an Jesus Christus glaubt, der wird nicht gerichtet.

Verheißung:
    „. . . der wird nicht gerichtet"
Bedingung:
    Jesus Christus vertrauen.

(297) Johannes 5,24

Wahrlich, wahrlich, ich sage euch: Wer mein Wort hört und glaubt dem, der mich gesandt hat, der hat das ewige Leben und kommt nicht in das Gericht, sondern er ist vom Tode zum Leben hindurchgedrungen.

Verheißung:
„. . . der hat das ewige Leben"
„. . . und kommt nicht in das Gericht"
„. . . er ist vom Tode zum Leben hindurchgedrungen"

Bedingung:
Sich mit dem Herzen, mit dem ganzen Sein, dem Wort von Jesus öffnen und Gott vertrauen.

(298) Römer 5,9

Um wieviel mehr werden wir nun durch ihn (Jesus Christus) bewahrt werden vor dem Zorn (Zorngericht Gottes), nachdem wir jetzt durch sein Blut gerecht geworden sind!

Verheißung:
„Um wieviel mehr werden wir nun durch ihn bewahrt werden vor dem Zorn Gottes"

Bedingung:
Gerecht geworden sein vor Gott durch das Blut Jesu.

(299) 1. Korinther 11,31

Wenn wir uns selber richteten, so würden wir nicht gerichtet.

Verheißung:
„. . . so würden wir nicht gerichtet"

Bedingung:
Sünde und Fehlverhalten einsehen und Jesus Christus bekennen.

(300) Römer 8,1

So gibt es nun keine Verdammnis (Verurteilung, göttliches Todesurteil, das seit dem Sündenfall über allen Menschen liegt) für die, die in Christus Jesus sind.

Verheißung:
„So gibt es nun keine Verdammnis"

Bedingung:
In Jesus Christus sein, in Gemeinschaft mit ihm leben.

(301) 1. Thessalonicher 1,10

. . . und zu warten auf seinen Sohn vom Himmel, den er auferweckt hat von den Toten, Jesus, der uns von dem zukünftigen Zorn errettet.

Verheißung:
„. . . der uns von dem zukünftigen Zorn errettet"

Bedingung:
Abkehr vom Götzendienst (Magie, Aberglaube, Spiritismus) und klare Hinkehr zu Gott (Vers 9).

Begnadigt

„Keine zehn Pferde bringen mich in dieses Missionszelt!" Sehr aggressiv schrie er das auf der Straße. Jeder konnte es hören, und jeder sollte es auch hören. Nun, das war keine Seltenheit, daß man ihn schreien hörte. Er war im ganzen Ort als streitsüchtiger und brutaler Mann bekannt. Es gab nur wenige in seiner Umgebung, mit denen er nicht verfeindet war.
Bei dieser Evangelisation kam seine Frau zum Glauben an Jesus. Sie begann für ihren Mann zu beten, und sie organisierte einen kleinen Kreis von Betern, die ebenfalls dieses Anliegen vor Gott brachten. Und da geschah das Wunder. Der Mann entdeckte die Veränderung an seiner Frau, es gab Gespräche, und nach einigen Monaten erkannte er, wie falsch er lebte. Der Heilige Geist öffnete ihm die Augen für seine Sünde.
Der Pfarrer des Ortes rief mich an und bat mich, das Beichtgespräch zu führen. So saß ich zum ersten Mal jenem Mann gegenüber und hörte seine Geschichte. Viele dunkle Dinge wurden vor Jesus Christus ausgesprochen, und dann bat jener ehemals gottlose Mann unter Tränen um Vergebung. Im Auftrag Jesu durfte ich ihm sagen: „Dir sind deine Sünden vergeben." Er nahm Jesus Christus als Erlöser an und bat ihn, die Führung seines Lebens zu übernehmen. So wurde er Christ.

In den kommenden Wochen ging er zu allen, mit denen er im Streit lag, bat um Vergebung und reichte die Hand zur Versöhnung. Die Veränderung war offensichtlich – es wurde zum Gespräch des Ortes. Keiner von uns ahnte damals, daß er nicht mehr lange zu leben hatte. Diagnose: Krebs. Er starb im Frieden mit Gott. Weil er sich „selber richtete", wird er einmal nicht von Gott gerichtet werden. Über den letzten Monaten seines Lebens stand das herrliche Wort: „Begnadigt".

28. ... wird auferstehen in Herrlichkeit

„Es kommt die Stunde, in der alle, die in den Gräbern sind, seine Stimme hören werden, und werden hervorgehen, die Gutes getan haben, zur Auferstehung des Lebens, die aber Böses getan haben, zur Auferstehung des Gerichts" (Johannes 5,28.29).

Am Ende des ersten Kapitels der Bibel steht der beeindruckende Satz:
„Und Gott sah an alles, was er gemacht hatte, und siehe, es war sehr gut" (1. Mose 1,31).
„Gott sah an alles": Beachten Sie bitte zuerst, daß *Gott* auf alles blickte. Kein Engel oder sonst irgendein Geschöpf beurteilte die Qualität der Schöpfung, sondern Gott selbst tat es. Und die Schöpfung erhielt vom Schöpfer das Prädikat *„sehr gut"*, die Note „Eins".
„Gott sah an alles": Und nun bitte ich Sie, noch den Begriff *„alles"* zu beachten. Alles ist alles. Es gab also keine Ausnahme. Die Erde und alles auf ihr, der Mensch, die Tiere und die Pflanzen, das alles war *„sehr gut"*.
Wenn heute Gott alles ansieht, dann kann er seiner Schöpfung diese Bewertung „sehr gut" nicht mehr geben. Auch davon spricht die Heilige Schrift:
„Da sah Gott auf die Erde, und siehe, sie war verderbt" (1. Mose 6,12).
Was war geschehen? Hören Sie die Antwort der Bibel:
„Deshalb, wie durch einen Menschen (gemeint ist Adam) die Sünde in die Welt gekommen ist und der Tod durch die Sünde, so ist der Tod zu allen Menschen durchgedrungen, weil sie alle gesündigt haben" (Römer 5,12).
Durch den Sündenfall des Menschen brach in die Schöpfung Gottes der Tod ein, diese furchtbare Macht, die das Leben beendet. Tod und Sterben aber ist nicht „sehr gut"; Tod und Sterben ist „sehr schlecht". Es widerspricht radikal der ursprünglichen Schöpfung Gottes, und es widerspricht auch vollkommen dem Wesen Gottes. Gott ist Leben, unvergängliches Leben, und was er geschaffen hat, sollte ebenfalls leben, ewig leben. Die Sünde

aber ist das „E 605" des Todes. Weil alle Menschen gesündigt haben, darum ist auch in alle Menschen dieses Gift, das den Tod bringt, eingedrungen. Was am Schöpfungsmorgen noch nicht nötig war, Auferstehung, ist nun zum Plan Gottes für eine dem Tod verfallene Menschheit geworden. Für alle Menschen hat Gott eine Auferstehung vorgesehen. Für Menschen, die sich Jesus Christus übereignet haben, wird es eine Auferstehung zum ewigen Leben sein. Für die aber, die Jesus Christus als Retter und Herrn abgelehnt haben, wird es eine Auferstehung zum Gericht und zu einem zweiten Sterben sein (Offenbarung 20,14).

Die folgenden Verheißungen klären darüber auf, und sie sprechen auch davon, was denen, die zu Jesus gehören, in der Auferstehung gegeben wird.

Achten Sie bitte noch auf folgendes:

Erstens: Die Auferstehung der Kinder Gottes wird auch die „erste Auferstehung" (Offenbarung 20,5) genannt. Von einer weiteren Auferstehung ist im gleichen Vers die Rede.

Zweitens: In manchen Bibeltexten werden die zeitlich verschiedenen Auferstehungen ohne Zeitverschiebung beschrieben. Ein Beispiel dafür ist der oben genannte Text aus Johannes, Kapitel 5.

(302) Matthäus 22,30

In der Auferstehung werden sie weder heiraten noch sich heiraten lassen, sondern sie sind wie Engel im Himmel.

Verheißung:
„. . . sie sind wie Engel im Himmel"

Erklärung:
Es ist zu beachten, daß Jesus nicht sagt, daß wir Engel werden, sondern daß wir im Blick auf die Geschlechtlichkeit wie die Engel werden.

(303) Johannes 5,28.29

Es kommt die Stunde, in der alle, die in den Gräbern sind, seine Stimme hören werden, und werden hervorgehen, die Gutes getan haben, zur Auferstehung des Lebens, die aber Böses getan haben, zur Auferstehung des Gerichts.

Verheißung:
„. . . werden hervorgehen zur Auferstehung des Lebens"
Bedingung:
Gutes in diesem Leben tun.

Erklärung:
Dies darf nicht von den Texten isoliert werden, die von Glauben und Lebenshingabe an Jesus Christus sprechen.

(304) Johannes 6,40

Denn das ist der Wille meines Vaters, daß, wer den Sohn sieht und glaubt an ihn, das ewige Leben habe; und ich werde ihn auferwecken am Jüngsten Tage.

Verheißung:
„. . . das ewige Leben habe"
„. . . ich werde ihn auferwecken am Jüngsten Tage"
Bedingung:
Jesus Christus als Sohn Gottes anerkennen und sich ihm anvertrauen.

Erklärung:
Der „Jüngste Tag" ist kein Tag von 24 Stunden, sondern ein von Gott festgesetzter Zeitraum. In ihm werden die „erste Auferstehung", aber auch alle weiteren Auferstehungen und alle Gerichtsereignisse stattfinden.

(305) Johannes 6,54

Wer mein Fleisch ißt und mein Blut trinkt, der hat das ewige Leben, und ich werde ihn am Jüngsten Tage auferwecken.

Verheißung:
„. . . ich werde ihn am Jüngsten Tage auferwecken"
Bedingung:
Jesus Christus in sich aufnehmen. So wie man Nahrung in sich aufnehmen muß, um irdisch leben zu können, so muß man Jesus Christus in sich aufnehmen, um ewig leben zu können. Dieses Jesus-Aufnehmen ist ein geistliches Ereignis, und es ist ein einmaliges Ereignis.

(306) Römer 6,5

Denn wenn wir mit ihm verbunden und ihm gleichgeworden sind in seinem Tod, so werden wir ihm auch in der Auferstehung gleich sein.

Verheißung:
> „. . . so werden wir ihm auch in der Auferstehung gleich sein"

Bedingung:
> Mit Jesus „verbunden und ihm gleichgeworden sein in seinem Tod".

Erklärung:
Der Textzusammenhang zeigt, daß es hier um die innere Einheit des Christen mit Christus geht. Durch die völlige Lebenshingabe an ihn sind wir auch in seinen Tod mit hineingenommen worden: „Wir wissen ja, daß unser alter Mensch mit ihm gekreuzigt ist" (Vers 6).

(307) 1. Korinther 6,14

Gott hat den Herrn auferweckt und wird auch uns auferwecken durch seine Kraft.

Verheißung:
> „. . . Gott wird auch uns auferwecken durch seine Kraft"

Bedingung:
> Zur Gemeinde Jesu (uns) gehören.

(308) 1. Korinther 15,22.23

Denn wie sie in Adam alle sterben, so werden sie in Christus alle lebendig gemacht werden. Ein jeder aber in seiner Ordnung: als Erstling Christus; danach, wenn er kommen wird, die, die Christus angehören.

Verheißung:
> „. . . so werden sie in Christus alle lebendig gemacht werden"
> „. . . danach, wenn er kommen wird, die, die Christus angehören"

Erklärung:
Die erste Verheißung ist eine allgemeine Aussage über die Auferstehung. Es werden alle Menschen „lebendig" gemacht.
Die zweite Verheißung geht ins Detail. Sie sagt, daß dieses „lebendig machen" in einer von Gott bestimmten zeitlichen Reihenfolge geschieht. Dabei war Jesus Christus der erste. Alle, die zu ihm gehören, werden dann auferstehen, wenn er wiederkommen wird. Über weitere Auferstehungen macht der Apostel hier keine Angaben.

Bedingung:
Für die Auferstehung bei der Wiederkunft von Jesus Christus ist das „Christus angehören", also sein Eigentum sein, Bedingung.

(309) 1. Korinther 15,42–44

Es wird gesät verweslich und wird auferstehen unverweslich. Es wird gesät in Niedrigkeit und wird auferstehen in Herrlichkeit. Es wird gesät in Armseligkeit und wird auferstehen in Kraft. Es wird gesät ein natürlicher Leib und wird auferstehen ein geistlicher Leib.

Verheißung:
„. . . wird auferstehen unverweslich"
„. . . wird auferstehen in Herrlichkeit"
„. . . wird auferstehen in Kraft"
„. . . wird auferstehen ein geistlicher Leib"

Bedingung:
Angesprochen sind hier zuerst die Christen in Korinth, mit ihnen aber auch alle Christen.

(310) 2. Korinther 4,14

Denn wir wissen, daß der, der den Herrn Jesus auferweckt hat, wird uns auch auferwecken mit Jesus und wird uns vor sich stellen samt euch.

Verheißung:
„. . . wird uns auch auferwecken mit Jesus und wird uns vor sich stellen samt euch"

Bedingung:
    Christ sein.

(311) 2. Korinther 5,1

Denn wir wissen: Wenn unser irdisches Haus, diese Hütte, ab-
gebrochen wird, so haben wir einen Bau, von Gott erbaut, ein
Haus, nicht mit Händen gemacht, das ewig ist im Himmel.

Verheißung:
    „... so haben wir einen Bau, von Gott erbaut"

Erklärung:
    Der Apostel vergleicht unseren Leib mit einem Haus oder
    einem Zelt. Das Sterben nennt er ein Abbrechen des Hau-
    ses oder Zeltes. Der neue Leib, den Christen bei der Auf-
    erstehung erhalten, wird als von Gott erbautes Haus be-
    schrieben, also etwas Festes und Unvergängliches.

(312) Philipper 3,21

Jesus Christus wird unseren nichtigen Leib verwandeln, daß er
gleich werde seinem verherrlichten Leibe nach der Kraft, mit
der er sich alle Dinge untertan machen kann.

Verheißung:
    „Jesus Christus wird unseren nichtigen Leib verwan-
    deln ..."

(313) Kolosser 3,4

Wenn aber Christus, euer Leben, sich offenbaren wird, dann
werdet ihr auch mit ihm offenbar werden in Herrlichkeit.

Verheißung:
    „... dann werdet ihr auch mit ihm offenbar werden in
    Herrlichkeit"

Bedingung:
    Jesus Christus muß unser Leben sein (Galater 2,20:
    „... Christus lebt in mir").

(314) 1. Thessalonicher 2,12

Wir haben einen jeden von euch ermahnt und getröstet und beschworen, euer Leben würdig des Gottes zu führen, der euch berufen hat zu seinem Reich und zu seiner Herrlichkeit.

Verheißung:
„... der euch berufen hat zu seinem Reich und zu seiner Herrlichkeit"

Bedingung:
So leben, daß Gott geehrt wird.

(315) 1. Thessalonicher 4,16

Denn er selbst, der Herr, wird, wenn der Befehl ertönt, wenn die Stimme des Erzengels und die Posaune Gottes erschallen, herabkommen vom Himmel, und zuerst werden die Toten, die in Christus gestorben sind, auferstehen.

Verheißung:
„... zuerst werden die Toten, die in Christus gestorben sind, auferstehen."

Erklärung:
Es handelt sich hier nicht um die sogenannte allgemeine Totenauferstehung, von der in Offenbarung 20,13 berichtet wird, sondern um die Auferstehung der Toten, die auf dieser Erde mit Jesus Christus gelebt haben (1. Korinther 15,23).

Bedingung:
„in Christus gestorben sein", d. h. in der Gemeinschaft mit Jesus gestorben sein.

(316) 1. Thessalonicher 5,9

Denn Gott hat uns nicht bestimmt zum Zorn, sondern das Heil zu erlangen durch unseren Herrn Jesus Christus.

Verheißung:
„... das Heil zu erlangen durch unseren Herrn Jesus Christus"

Erklärung:
„Heil", im Grundtext „Rettung", ist hier in umfassendem Sinn gemeint – von dem ersten Errettungsereignis, wo Gott uns „von der Macht der Finsternis errettet hat" (Kolosser 1,13), bis zur Vollendung der Errettung in der Herrlichkeit Gottes.

(317) 2. Petrus 1,11

... und so wird euch reichlich gewährt werden der Eingang in das ewige Reich unseres Herrn und Heilands Jesus Christus.

Verheißung:
„... und so wird euch reichlich gewährt werden der Eingang in das ewige Reich ..."

Bedingung:
In den vorangegangenen Versen 5–10 ist von einem Christsein die Rede, das sich im Alltag bewährt hat, von einem Leben mit Jesus, in dem Liebe und Treue ausschlaggebende Faktoren waren.

Auferstehungsgewißheit

Die „Welt am Sonntag" brachte vor Jahren einen Artikel, in dem Billy Graham über das Sterben seiner Mutter berichtete:
Meine Mutter, Morrow Graham, war eine wunderbare Frau – gütig, mitfühlend und warmherzig. Alle Menschen, die sie während ihrer tödlichen Krankheit 1981 besuchten, hatten das überwältigende Gefühl, Gott sehr nahe zu sein.
Wenige Tage vor ihrem Tod saß ich mit anderen Familienangehörigen an ihrem Bett. Es war Abend. Sie hatte die Augen geschlossen und schien einzuschlafen, richtete sich aber plötzlich wieder auf. Mit weit geöffneten Augen schaute sie durch das abgedunkelte Zimmer hinüber zum Fenster.
„Frank!" rief sie. „Bist du es?"
Ich begriff sofort, daß sie mit ihrem Mann sprach, meinem Vater, der vor zwanzig Jahren gestorben war.
„Frank, ich komme bald zu dir", sagte sie, „wir werden wieder vereint sein. Nimm meine Hand."
Sie streckte beide Hände aus und schloß sie dann halb, so als ob sie eines anderen Menschen Finger umschlösse. Mutters Augen

wurden strahlend und klar. Alle Spuren des Alters schienen von ihrem Gesicht abzufallen. Schweigend und völlig benommen saß ich neben ihr. „Frank, es wird nicht mehr lange dauern. Wir werden auf ewig zusammen sein." Sie lächelte erlöst, so als werde jegliche Sorge von ihren Schultern genommen. Ich wußte, daß sie in den Himmel schaute. „Nein, ich muß jetzt zurückgehen", flüsterte sie. „Aber es wird nicht mehr lange dauern. Ich verspreche es." Langsam sanken ihre Hände auf das Bett. Ihr Kopf fiel zurück in die Kissen, und sie schlief ein. Kurze Zeit später versank sie im Koma. Mehrere Tage vergingen. An dem Abend, an dem sie starb, saß ich wieder mit anderen Familienangehörigen an ihrem Bett. Sie setzte sich auf, genau wie damals, als sie mit meinem Vater sprach, und rief mit lauter und froher Stimme: „Lobet den Herrn!" Nach diesen Worten sank sie zurück und verschied.

29. ... wir werden nicht alle sterben

„Siehe, ich sage euch ein Geheimnis: Wir werden nicht alle entschlafen, wir werden aber alle verwandelt werden; und das plötzlich, in einem Augenblick ..." (1. Korinther 15,51)

„Ein Geheimnis" nennt die Bibel dieses Geschehen. Es wird eine Generation von Christen geben, die nicht sterben muß, sondern die durch ein atemberaubendes Wunder Gottes von diesem Leben in das ewige Leben „entrückt" wird. Der Apostel Paulus schreibt das als seinen Wunsch im zweiten Brief an die Gemeinde in Korinth: *Denn solange wir in dieser Hütte* (Grundtext: Zelt, ein Vergleich für unseren Körper) *sind, seufzen wir und sind beschwert, weil wir lieber nicht entkleidet* (ein Bild für das Sterben, bei dem der Körper wie ein Kleid ausgezogen wird), *sondern überkleidet* (ein Bild für das Anziehen des neuen Leibes, der unvergänglich ist) *werden wollen, damit das Sterbliche verschlungen werde vom Leben"* (2. Korinther 5,4).

Dieses „Überkleidetwerden" geschieht in der sogenannten „Entrückung", also in dem Moment (Grundtext: atomo, 1. Korinther 15, 52), in dem Jesus Christus die im Glauben an ihn gestorbenen Menschen auferwecken wird. So fallen die erste Auferstehung und die Entrückung zusammen. Denn „... *zuerst werden die Toten, die in Christus gestorben sind, auferstehen. Danach werden wir, die wir leben und übrigbleiben, zugleich mit ihnen entrückt werden ..."* (1. Thessalonicher 4,16.17).

Was das auf der Erde auslösen wird, wenn plötzlich Millionen von Menschen in allen Erdteilen unauffindbar sind, können wir uns kaum vorstellen. Aber es wird ein alarmierendes Ereignis sein, wenn Kinder nach ihren Eltern suchen, Männer ihre Frauen vermissen, einer aus einer Familie plötzlich nicht mehr da ist. Vielleicht ist es ein letztes Aufschrecken der Menschheit, kurze Zeit vor der sichtbaren Wiederkunft Jesu, und besonders ein Signal für alle, die darum wußten, aber die Entscheidung für Jesus Christus hinausgeschoben haben.

(318) Matthäus 24,31

Und er wird seine Engel senden mit hellen Posaunen, und sie werden seine Auserwählten sammeln von den vier Winden, von einem Ende des Himmels bis zum andern.

Verheißung:
> „... sie werden seine Auserwählten sammeln"

Bedingung:
> Durch Bekehrung und Wiedergeburt zu Jesus gehören.

Erklärung:
> „... von den vier Winden" ist ein biblisches Bildwort für die vier Himmelsrichtungen.

Parallel: Markus 13,27

(319) 1. Korinther 15,51.52

Siehe, ich sage euch ein Geheimnis: Wir werden nicht alle entschlafen, wir werden aber alle verwandelt werden; und das plötzlich, in einem Augenblick, zur Zeit der letzten Posaune. Denn es wird die Posaune erschallen, und die Toten werden auferstehen unverweslich, und wir werden verwandelt werden.

Verheißung:
> „... Wir werden nicht alle entschlafen (sterben), wir werden aber alle verwandelt werden"
> „... die Toten werden auferstehen unverweslich, und wir werden verwandelt werden"

Erklärung:
> Hier liegt der Akzent nicht auf der „Auferstehung", sondern auf „Verwandlung". Noch lebende Christen werden im Ereignis der Entrückung in ihrem körperlichen Sein verwandelt.

(320) 2. Korinther 5,2

Denn darum seufzen wir auch und sehnen uns danach, daß wir mit unserer Behausung, die vom Himmel ist, überkleidet werden.

Verheißung:
> „... daß wir mit unserer Behausung, die vom Himmel ist, überkleidet werden"

Erklärung:
Der Apostel Paulus vergleicht das Sterben mit dem Aus-
ziehen eines Kleides oder eines Anzugs. Das Kleid bzw.
der Anzug ist unser Körper. In Vers 4 spricht er vom Ent-
kleiden. Das „Überkleidetwerden" ist ein Bild für die Entrückung. Der Christ wird entrückt, ohne sterben zu müssen. Er wird „überkleidet", ohne „entkleidet" zu werden
(Vers 4).

(321) 1. Thessalonicher 4,17

Danach werden wir, die wir leben und übrigbleiben, zugleich
mit ihnen (mit denen, die als Christen gestorben sind) entrückt
werden auf den Wolken in die Luft, dem Herrn entgegen; und
so werden wir bei dem Herrn sein allezeit.

Verheißung 1:
   „. . . entrückt werden auf den Wolken in die Luft"
Verheißung 2:
   „. . . und so werden wir bei dem Herrn sein allezeit"
Bedingung:
   Beachten Sie bitte wieder das entscheidende „wir".

Es kann jetzt geschehen

Als junger Pastor bin ich gelegentlich mit einigen Jugendlichen,
die noch keine Entscheidung für Christus getroffen hatten, in
ein 20 km von unserem Wohnort entferntes Hallenbad gefahren. Auf einer solchen Fahrt sprach ich mit ihnen über die Entrückung. Um dieses Geschehen aus der grauen Theorie heraus-
zuholen, sagte ich: „Könnt ihr euch vorstellen, was geschieht,
wenn jetzt diese Entrückung stattfindet?"
Einer von ihnen sagte: „Dann sind Sie weg und wir fahren weiter."
„Richtig", sagte ich, „und daß es dann zu keinem Unfall
kommt, werde ich euch jetzt erklären, wie man das Auto zum
Halten bringt."
Ich erinnere mich daran, daß sie meine Erklärungen nicht als
schlechten Witz auffaßten, sondern daß dieses Gespräch viele
ernste Fragen aufwarf.

Verheißungsgruppe 7:

Vom Plan Gottes für ein neues Universum

30. ... daß der Menschensohn kommt

„**Denn es wird geschehen, daß der Menschensohn kommt in der Herrlichkeit seines Vaters mit seinen Engeln**" (Matthäus 16,27).

In dem Buch „Welt in Flammen" weist Billy Graham darauf hin, daß in allen Büchern des Neuen Testamentes, mit Ausnahme von vieren, von der Wiederkunft des Herrn Jesus Christus die Rede ist. Er schreibt: „Jeder dreißigste Vers erwähnt dieses Thema. In den 216 Kapiteln des Neuen Testamentes wird 318mal davon gesprochen."

Wir haben es also hier mit einer zentralen Botschaft der Bibel zu tun. Die Menschheit treibt unaufhaltsam auf diesen Tag X zu. Die Zeichen der Zeit deuten darauf hin. Vielleicht leben wir im letzten Intervall einer zu Ende gehenden Epoche.

Wenn Jesus Christus zum zweiten Mal unseren Planeten betreten wird, dann kommt er nicht als Mensch, wie vor 2000 Jahren, sondern er kommt als Gottes Sohn in unvorstellbarer Herrlichkeit. Es wird das größte Ereignis der Menschheitsgeschichte sein. Alle Menschen werden erkennen, daß er der Messias Gottes ist, der wahre Neumacher, der Friedefürst.

Die Bibel berichtet, daß Jesus Christus sichtbar auf dem Ölberg, der an der Peripherie der Stadt Jerusalem liegt, erscheinen wird: „*Und seine Füße werden stehen zu der Zeit auf dem Ölberg, der vor Jerusalem liegt nach Osten hin*" (Sacharja 14,4).

Als Jesus Christus in den Himmel fuhr, es geschah vom Ölberg aus, erschienen den Männern und Frauen, die zu seinem engsten Freundeskreis gehörten, zwei Engel. Sie sagten: „*Ihr Männer von Galiläa, was steht ihr da und seht zum Himmel? Dieser Jesus, der von euch weg gen Himmel aufgenommen wurde, wird so wiederkommen, wie ihr ihn habt gen Himmel fahren sehen*" (Apostelgeschichte 1,11).

Die Wiederkunft Jesu leitet die große, sichtbare Wende der Menschheitsgeschichte ein. Das Fundament dafür wurde auf Golgatha gelegt. Dort hat Jesus in seinem stellvertretenden Sterben die Sünde, den Tod und den Teufel besiegt. Jetzt wird dieser Sieg für alle sichtbar und erfahrbar.

Die Zukunft gehört Jesus Christus, und sie gehört denen, die sich zu ihm bekennen und mit ihm leben. „Kyrios Jesus", so haben die ersten Christen sich begrüßt. „Herr ist Jesus!" – das werden dann alle Menschen erkennen.

(322) Matthäus 16,27

Denn es wird geschehen, daß der Menschensohn kommt in der Herrlichkeit seines Vaters mit seinen Engeln.

Verheißung:

> „... daß der Menschensohn kommt ..."

(323) Matthäus 24,14

Und es wird gepredigt werden dies Evangelium vom Reich in der ganzen Welt zum Zeugnis für alle Völker, und dann wird das Ende kommen.

Verheißung:

> „... und dann wird das Ende kommen"

Erklärung:

> „das Ende" meint hier nicht das Weltende, den Weltuntergang, sondern das Ende dieses Äons und damit die Wiederkunft Jesu und den Anbruch eines neuen Äons, des Friedensreiches Gottes.

(324) Matthäus 24,27

Denn wie der Blitz ausgeht vom Osten und leuchtet bis zum Westen, so wird auch das Kommen des Menschensohnes sein.

Verheißung:

> „... so wird auch das Kommen des Menschensohnes sein"

(325) Matthäus 24,30

Dann wird erscheinen das Zeichen des Menschensohnes am Himmel. Und dann werden wehklagen alle Geschlechter auf Erden und werden sehen den Menschensohn kommen auf den Wolken des Himmels mit großer Kraft und Herrlichkeit.

(326) Matthäus 25,31–32

Wenn aber der Menschensohn kommen wird in seiner Herrlichkeit, und alle Engel mit ihm, dann wird er sitzen auf dem Thron seiner Herrlichkeit, und alle Völker werden vor ihm versammelt werden.

Verheißung:
„... dann wird er sitzen auf dem Thron seiner Herrlichkeit"

(327) Markus 13,26

Und dann werden sie sehen den Menschensohn kommen in den Wolken mit großer Kraft und Herrlichkeit. (Lukas 21,27)

Verheißung:
„... dann werden sie sehen den Menschensohn kommen ..."

(328) Lukas 21,28

Wenn aber dieses anfängt zu geschehen, dann seht auf und erhebt eure Häupter, weil sich eure Erlösung naht.

Verheißung:
„... weil sich eure Erlösung naht"

Bedingung:
Nachfolger Jesu sein.

(329) Johannes 14,3

Und wenn ich hingehe, euch die Stätte zu bereiten, will ich wieder kommen und euch zu mir nehmen, damit ihr seid, wo ich bin.

Verheißung:
„... will ich wieder kommen"
„... und euch zu mir nehmen, damit ihr seid, wo ich bin"

Bedingung:
Zu den Nachfolgern Jesu gehören.

(330) Apostelgeschichte 1,11

Dieser Jesus, der von euch weg gen Himmel aufgenommen wurde, wird so wiederkommen, wie ihr ihn habt gen Himmel fahren sehen.

Verheißung:
„... wird so wiederkommen, wie ihr ihn habt gen Himmel fahren sehen"

(331) 2. Thessalonicher 1,10

... wenn Jesus kommen wird, daß er verherrlicht werde bei seinen Heiligen und wunderbar erscheine bei allen Gläubigen, an jenem Tage; denn was wir euch bezeugt haben, das habt ihr geglaubt.

Verheißung:
„... daß er verherrlicht werde bei seinen Heiligen"

Erklärung:
Wir können ihn verherrlichen durch unser Vertrauen: „habt ihr geglaubt".

(332) Hebräer 9,28

... so ist auch Christus einmal geopfert worden, die Sünden vieler wegzunehmen; zum zweiten Mal wird er nicht der Sünde wegen erscheinen, sondern denen, die auf ihn warten, zum Heil.

Verheißung:
„... zum zweiten Mal wird er ... erscheinen"

(333) Jakobus 5,8

Seid auch ihr geduldig und stärkt eure Herzen; denn das Kommen des Herrn ist nahe.

Verheißung:
„... das Kommen des Herrn ist nahe"

(334) Offenbarung 1,7

Siehe, er kommt mit den Wolken, und es werden ihn sehen alle Augen.

Verheißung:
„. . . es werden ihn sehen alle Augen"

(335) Offenbarung 22,7

Siehe, ich komme bald. Selig ist, der die Worte der Weissagung in diesem Buch bewahrt.

Verheißung:
„Siehe, ich komme bald"

Ermahnung:
Auf dem Hintergrund der Wiederkunft Jesu die Aussagen der Offenbarung ernst nehmen.

Ein unvergeßlicher Tag . . .

. . . jener Junitag 1945. Die Spuren des Krieges waren da und dort in unserer Stadt zu sehen. Noch in den letzten Wochen hatten einige Granaten eingeschlagen, und ganz in der Nähe war in einem Hof eine Bombe detoniert. Auf dem Freibadgelände standen demolierte Militärlastkraftwagen. Das war das ideale Spielzeug für uns Jungen. Bei jeder sich bietenden Gelegenheit traf ich mich mit meinen Freunden dort zum Spielen. Ich war damals neun Jahre alt.
An jenem besagten Junitag saß ich nachmittags am Steuer eines solchen Lkw und ließ meiner Phantasie freien Lauf. Plötzlich wurde die Tür aufgerissen, und mein Freund Günther streckte seinen blonden Wuschelkopf herein. Als er mich entdeckte, rief er mir aufgeregt zu: „Du, ich habe deinen Vater gesehen."
„Meinen Vater?" fragte ich ungläubig und ließ das Lenkrad los.
„Wenn das stimmt, dann bekommst du eine Reichsmark." Es war mein ganzer Besitz.
„Mein Vater", ich konnte es wirklich nicht glauben. Einige Jahre hatten wir ihn nicht mehr gesehen. Er war an der Rußlandfront. Aber Abend für Abend, bevor wir zu Bett gingen, war Vater das Gesprächsthema. Wir sahen uns die Bilder aus dem Fotoalbum an: Bilder, wo er mit uns spielte, mit uns spa-

zierenging, uns auf dem Schoß hatte. Der schreckliche Krieg war zu Ende, aber würde er wiederkommen? Und nun diese Nachricht. Das spannende Spiel war vergessen. Ich stürzte aus dem Führerhaus, rannte durch die Straßen, klingelte Sturm an der Wohnungstür. Mutter öffnete. „Stimmt's?" rief ich außer Atem. „Ist Vati da?" Mutti sagte nicht viel. Aber sie öffnete die Küchentür. Und da sah ich ihn. Ich rannte in die ausgebreiteten Arme meines Vaters. Er war es wirklich. Nie werde ich diesen heißersehnten Augenblick vergessen.

Immer, wenn ich über die Wiederkunft Jesu nachdenke oder darüber spreche, werde ich an dieses Kindheitserlebnis erinnert. Ich möchte mich auf das Wiederkommen Jesu so freuen, wie ich mich damals als Kind auf das Kommen meines Vaters freute. Damals war das alles ungewiß, aber daß Jesus Christus wiederkommt, das ist sicher. Er selbst hat es gesagt.

31. . . . sie werden das Erdreich besitzen

„Selig sind die Sanftmütigen; denn sie werden das Erdreich besitzen" (Matthäus 5,5).

Die Herren dieser Welt, die Multimillionäre, die Herrscher, die, die das große Sagen haben – das sind nicht die „Sanftmütigen". Heute besitzen noch die Rücksichtslosen, die Macher, die Despoten das „Erdreich". Aber einmal wird sich das Blatt wenden, das hat Jesus gesagt. Dann werden „die Sanftmütigen das Erdreich besitzen". Und Jesus Christus wird mit ihnen auf dieser Erde regieren.

Einige der im folgenden angeführten Verheißungen sprechen von einer Regierungszeit Jesu auf unserem Planeten. Auch viele Texte das Alten Testamentes verheißen eine solche Zeit des Friedens. Der wohl bekannteste Friedenstext der Bibel, der irrtümlicherweise von vielen als ein Ergebnis menschlicher Bemühungen gedeutet wird, lautet:

Da werden sie ihre Schwerter zu Pflugscharen und ihre Spieße zu Sicheln machen. Denn es wird kein Volk wider das andere das Schwert erheben, und sie werden hinfort nicht mehr lernen, Krieg zu führen." (Jesaja 2,4)

Allerdings wird bei diesem Zitat immer die einleitende Aussage weggelassen. Sie lautet:

„Und er (Jesus Christus) wird . . . zurechtweisen viele Völker. Da werden sie ihre Schwerter . . ."

Im Kosmos wird es dann zu gewaltigen Veränderungen kommen. Der Prophet Jesaja schreibt:

„Und des Mondes Schein wird sein wie der Sonne Schein, und der Sonne Schein wird siebenmal heller sein zu der Zeit, wenn der Herr den Schaden seines Volkes (Israel) verbinden und seine Wunden heilen wird." (Jesaja 30,26)

Umwälzende Veränderungen wird es auch in der Pflanzen- und Tierwelt geben. Die Bibel berichtet:

„Siehe, es kommt die Zeit, spricht der Herr, daß man zugleich ackern und ernten, zugleich keltern und säen wird." (Amos 9,13)

„Da werden die Wölfe bei den Lämmern wohnen und die Panther bei den Böcken lagern. Ein kleiner Knabe wird Kälber und junge Löwen

und Mastvieh miteinander treiben. Kühe und Bären werden zusammen weiden, daß ihre Jungen beieinander liegen, und Löwen werden Stroh fressen wie die Rinder." (Jesaja 11,6.7) „Frieden schaffen ohne Waffen", den Beweis, daß das möglich ist, kann und wird nur einer liefern: Jesus Christus. „Friede auf Erden" wird dann kein Traum mehr sein.

(336) Matthäus 5,5

Selig sind die Sanftmütigen; denn sie werden das Erdreich besitzen.

Verheißung:
> „. . . sie werden das Erdreich besitzen"

Bedingung:
> Sanftmütig sein.

(337) Römer 11,15

Denn wenn ihre (Israels) Verwerfung die Versöhnung der Welt ist (d. h. dadurch ist das Evangelium zu den Heiden gekommen, es geht um das Angebot der Versöhnung für die Völker), was wird ihre Annahme anderes sein als Leben aus den Toten!

Verheißung:
> „. . . Leben aus den Toten"

Erklärung:
> Ist ein Begriff, der das Christwerden charakterisiert (Epheser 2,5 / 1. Johannes 3,14).

Bedingung:
> Die nationale Annahme Israels von Gott (Vers 26).

Erklärung:
> Eine mögliche Deutung dieses Textes ist, daß es durch die nationale Annahme Israels von Gott zu einer weltweiten und bis dahin noch nie dagewesenen Evangelisierung durch zu Christus bekehrte Juden kommt, die eine weltweite Erweckung auslöst, eine Erweckung, die alle bisherigen Erweckungen in den Schatten stellen wird.

(338) Offenbarung 2,26

Und wer überwindet und hält meine Werke bis ans Ende, dem will ich Macht geben über die Heiden.

Verheißung:

„... dem will ich Macht geben über die Heiden"

Erklärung:

„Macht über die Heiden" scheint ein Hinweis auf die Regierung im sogenannten „tausendjährigen Reich", der Herrschaft Jesu auf dieser Erde, zu sein (Offenbarung 20,1–6).

Bedingung:

Überwinden – Sieger sein in den vielfältigen Versuchungen und Verführungen, und das tun, was Jesus Christus aufgetragen hat.

(339) Offenbarung 5,9.10

... und sie sangen ein neues Lied: Du bist würdig, zu nehmen das Buch und aufzutun seine Siegel; denn du bist geschlachtet und hast mit deinem Blut Menschen für Gott erkauft aus allen Stämmen und Sprachen und Völkern und Nationen und hast sie unserm Gott zu Königen und Priestern gemacht, und sie werden herrschen auf Erden.

Verheißung:

„... und sie werden herrschen auf Erden"

Bedingung:

Menschen, die den Loskauf durch das Blut Jesu angenommen haben.

(340) Offenbarung 20,4

Und ich sah die Seelen derer, die enthauptet waren um des Zeugnisses von Jesus und um des Wortes Gottes willen, und die nicht angebetet hatten das Tier und sein Bild und die sein Zeichen nicht angenommen hatten an ihre Stirn und auf ihre Hand; diese wurden lebendig und regierten mit Christus tausend Jahre.

Verheißung:
„... diese wurden lebendig und regierten mit Christus tausend Jahre"

Bedingung:
Standhaftes und kompromißloses Christsein in der Zeit der „Großen Trübsal".

(341) Offenbarung 20,6

Selig ist der und heilig, der teilhat an der ersten Auferstehung. Über diese hat der zweite Tod (Vers 14) keine Macht; sondern sie werden Priester Gottes und Christi sein und mit ihm regieren tausend Jahre.

Verheißung:
„... sie werden Priester Gottes und Christi sein und mit ihm regieren tausend Jahre"

Bedingung:
Zu denen gehören, die bei der ersten Auferstehung (1. Korinther 15,23) dabei sein dürfen.

„... ohne Zutun von Menschenhänden"

In der Bibel wird zu dem Thema „Friedensreich Jesu" eine beeindruckende Vision berichtet.
Es war im 6. Jahrhundert vor Christus. In Babylon, der Metropole des babylonischen Weltreichs, herrschte der damals mächtigste Mann der Erde: Nebukadnezar, ein unberechenbarer und machthungriger Despot.
Eines Nachts riß ihn ein unheimlicher Traum aus dem Schlaf. Schweißgebadet lag er in seinem Bett und fand keine Ruhe mehr. Er hatte ein gigantisches, eigenartig glänzendes und furchterregendes Bild gesehen: einen Mann, dessen Kopf aus Gold war. Seine Brust und seine Arme waren aus Silber. Der Bauch und die Hüfte waren aus Bronze gefertigt. Die Beine waren aus Eisen gegossen, und seine Füße zeigten eine Legierung von Eisen und Ton.
Als Nebukadnezar überwältigt vor dieser riesigen Statue stand, geschah etwas Entsetzliches. Sein Blick wurde auf einen in der Nähe liegenden Berg gerichtet, und er beobachtete, wie

sich dort ein kleiner Stein löste und auf das Standbild zurollte. Kein Mensch hatte ihn in Bewegung gesetzt. Er kam näher und näher, und dann schlug er gegen die Füße dieser gewaltigen Skulptur. Da geschah es: Die Füße wurden zertrümmert, und das Standbild stürzte donnernd in sich zusammen. Die Trümmer aber lösten sich in Staub auf, und ein Wind wehte den Staub davon. Von dieser beeindruckenden Statue war nichts mehr zu sehen. Aber etwas anderes geschah: Der unscheinbare Stein, der die Zerstörung ausgelöst hatte, wurde immer größer, er wuchs zu einem gewaltigen Felsmassiv, das die gesamte Erde bedeckte.

Nebukadnezar war erschüttert und ratlos. Dunkle Ahnungen plagten ihn. Was hatte das alles zu bedeuten? Ging dieser Traum ihn etwas an?

Der Prophet Daniel deutete im Auftrag Gottes diese Vision. Er zeigte ihm, daß in jenem Standbild die irdischen Weltreiche dargestellt sind. Herrlich und doch kühl und hart, beeindruckend und erschreckend zugleich. Alle Weltreiche werden sich in Staub auflösen, wenn das Reich Jesu kommen wird. „Ohne Zutun von Menschenhänden" wird es plötzlich die Reiche der Welt niederreißen und die ganze Erde ausfüllen.

„Der Stein, den die Bauleute verworfen haben" (Psalm 118,22) wird zu einem Felsen werden. Jesus ist „der König aller Könige" (Offenbarung 17,14).

32. . . . danach die Vollendung

„Der in euch angefangen hat das gute Werk, der wird's auch
vollenden bis an den Tag Christi Jesu" (Philipper 1,6).
Gott läßt nichts unvollendet. Vollkommenheit ist sein Ziel.
Was der zweifache Sündenfall, der Sündenfall Satans und der
Sündenfall des Menschen, zerstört hat, wird Gott vollkommen
wiederherstellen. Das gilt nicht nur für die, die an Christus
glauben, sondern das gilt für die ganze Schöpfung (Römer
8,21).
Gott hat einen Mehrstufenplan, durch den er die Schöpfung
aus dem Chaos der Sünde und des Todes herausführt.
Zuerst vollendet er die, die sich Jesus Christus in diesem Leben
übereignet haben. Sie sollen *„gleich sein dem Bild seines Sohnes"*
(Römer 8,29).
Christen leiden in diesem Leben unter ihrer Unvollkommen-
heit. Sie möchte sein wie Jesus. Diese Sehnsucht geht in Erfüllung, wenn sie ihn sehen *„von Angesicht zu Angesicht"* (1. Korinther 13,12).
Danach wird er seine volle Erlösung seinem Volk Israel schenken. Der Apostel Paulus schreibt:
*„Verstockung ist einem Teil Israels widerfahren, so lange bis die Fülle
der Heiden zum Heil gelangt ist; und so wird ganz Israel gerettet wer-
den . . ."* (Römer 11,25.26)
Dann wird der Plan Gottes sich mit seinem Volk erfüllen, und
Israel wird zum Segen für alle Völker werden.
Gott aber hat die ganze Schöpfung im Auge. Auch sie *„wird frei
werden von der Knechtschaft der Vergänglichkeit"* (Römer 8,21).
Wenn das geschieht, ist auch der Tod endgültig besiegt, und
alles wird ewig leben.
„Und der auf dem Thron saß, sprach: Siehe, ich mache alles neu!"
(Offenbarung 21,5) „Alles", spricht der dreieinige Gott. Und
„diese Worte sind wahrhaftig und gewiß!" (Offenbarung 21,5)
Die folgenden Verheißungen sind die große Zukunftsperspek-
tive unseres Gottes.

(342) Philipper 1,6

Der in euch angefangen hat das gute Werk, der wird's auch vollenden bis an den Tag Christi Jesu.

Verheißung:

„... der wird's auch vollenden bis an den Tag Christi Jesu"

Voraussetzung:

Daß Jesus Christus in einem Menschen sein „Werk" (Wiedergeburt) beginnen konnte. Voraussetzung dafür ist eine klare Bekehrung.

(343) Matthäus 5,8

Selig sind, die reinen Herzens sind; denn sie werden Gott schauen.

Verheißung:

„... sie werden Gott schauen"

Bedingung:

Reinen Herzens sein.

Erklärung:

Siehe auch 1. Johannesbrief 3,2.3: „... denn wir werden ihn (Gott) sehen, wie er ist. Und ein jeder, der solche Hoffnung auf ihn hat, der reinigt sich, wie auch jener (Gott) rein ist." Diese Reinigung geschieht durch Sündenbekenntnis (1. Johannes 1,9) und durch das Blut Jesu (1. Johannes 1,7).

(344) Römer 8,21

Auch die Schöpfung wird frei werden von der Knechtschaft (Sklaverei) der Vergänglichkeit zu der herrlichen Freiheit der Kinder Gottes.

Verheißung:

„Auch die Schöpfung wird frei werden von der Knechtschaft der Vergänglichkeit ..."

Erklärung:

Mit der „Schöpfung" sind hier auch Pflanzen und Tiere gemeint.

(345) Römer 8,29

Denn die er ausersehen hat, die hat er auch vorherbestimmt, daß sie gleich sein sollten dem Bild seines Sohnes, damit dieser der Erstgeborene sei unter vielen Brüdern.

Verheißung:
   „... daß sie gleich sein sollten dem Bild seines Sohnes"

Bedingung:
   Von Gott ausersehen und vorherbestimmt sein.

Erklärung:
   Dies darf nicht von den Aussagen über die freie Glaubensentscheidung des Menschen getrennt werden.

(346) 1. Korinther 13,9.10

Denn unser Wissen ist Stückwerk, und unser prophetisches Reden ist Stückwerk. Wenn aber kommen wird das Vollkommene, so wird das Stückwerk aufhören.

Verheißung:
   „... so wird das Stückwerk aufhören"

Bedingung:
   All unser unvollkommenes Reden und Handeln wird erst dann aufhören, wenn wir in Gottes neuer Welt ganz mit Jesus vereint sind.

(347) 1. Korinther 13,12

Wir sehen jetzt durch einen Spiegel ein dunkles Bild; dann aber von Angesicht zu Angesicht. Jetzt erkenne ich stückweise; dann aber werde ich erkennen, wie ich erkannt bin.

Verheißung:
   „... dann aber von Angesicht zu Angesicht"
   „... dann aber werde ich erkennen, wie ich erkannt bin"

Erklärung:
   Die Spiegel zur Zeit der Niederschrift der Briefe, zwischen 50 und 70 nach Christus, haben die Gegenstände und Personen noch nicht so klar wiedergegeben wie die Spiegel heute. Der Text sagt, daß uns volle Klarheit und

Erkenntnis erst in der Begegnung mit Jesus Christus im Himmel gegeben wird.

(348) 1. Korinther 15,24

... danach das Ende (Grundtext TELOS = Ziel, Vollendung), wenn er (Jesus Christus) das Reich Gott, dem Vater, übergeben wird, nachdem er alle Herrschaft und alle Macht und Gewalt (angesprochen sind alle Mächte, die sich gegen Gott stellen) vernichtet hat (Grundtext KATARGEO = in erster Bedeutung „aufheben").

Verheißung:
> „... danach die Vollendung"

Bedingung:
> Jesus Christus wird so lange „herrschen/König sein" (siehe Vers 25), bis alle antigöttlichen Mächte besiegt sind.

(349) 2. Timotheus 2,12

... dulden wir, so werden wir mit (Jesus Christus) herrschen.

Verheißung:
> „... so werden wir mit herrschen"

Erklärung:
> Beachten Sie hier die vorhergehende Verheißung 1. Korinther 15,24. Das Herrschen mit Christus im kommenden Äon hat die Vollendung zum Ziel.

Bedingung:
> Bereit sein, in diesem Leben mit Jesus zu leiden.

(350) 1. Korinther 15,26

Der letzte Feind, der vernichtet wird (endgültige Beseitigung, siehe auch Erklärung zu 1. Korinther 15,24), ist der Tod.

Verheißung:
> „Der letzte Feind, der vernichtet wird ..."

(351) 1. Korinther 15,28

Wenn aber alles ihm (Jesus Christus) untertan sein wird, dann wird auch der Sohn selbst untertan sein dem, der ihm alles unterworfen hat, damit Gott sei alles in allem.

Verheißung:
„. . . damit Gott sei alles in allem"

(352) 1. Korinther 15,49

Und wie wir getragen haben das Bild des irdischen (Menschen, Adam), so werden wir auch tragen das Bild des himmlischen (Menschen, Jesus Christus).

Verheißung:
„. . . so werden wir auch tragen das Bild des himmlischen (Menschen)"

Erklärung:
Dann werden wir so vollkommen sein wie Jesus Christus.

Bedingung:
„wir", also Christen im biblischen Sinn.

(353) Epheser 1,22.23

Und alles hat er (Gott, der Vater) unter seine (Jesus Christus) Füße getan und hat ihn gesetzt der Gemeinde zum Haupt über alles, welche sein Leib ist, nämlich die Fülle dessen, der alles in allem erfüllt.

Verheißung:
„. . . der alles in allem erfüllt"

Erklärung:
Die Gemeinde ist der Leib des Herrn Jesus Christus. Jesus Christus ist das Haupt, die Zentrale, von der aus der gesamte Leib in seinen Funktionen und Aufgaben gesteuert wird. Und Haupt und Leib werden in geistlicher Kooperation alles, was Gott vorgesehen hat, erfüllen und zur Vollendung bringen.

(354) Philipper 2,9–11

Darum hat Gott ihn (Jesus Christus) auch erhöht und hat ihm den Namen gegeben, der über alle Namen ist, daß in dem Namen Jesu sich beugen sollen aller derer Knie, die im Himmel und auf Erden und unter der Erde sind, und alle Zungen bekennen sollen, daß Jesus Christus der Herr ist, zur Ehre Gottes, des Vaters.

Verheißung:
„... daß in dem Namen Jesu sich beugen sollen aller derer Knie ..."
„... und alle Zungen bekennen sollen, daß Jesus Christus der Herr ist"

(355) Kolosser 1,21–23

Auch euch hat er (Jesus Christus) nun versöhnt durch den Tod seines sterblichen Leibes, damit er euch heilig und untadelig und makellos vor sein Angesicht stelle; wenn ihr nur bleibt im Glauben, gegründet und fest, und nicht weicht von der Hoffnung des Evangeliums.

Verheißung:
„... damit er euch heilig und untadelig und makellos vor sein Angesicht stelle"

Bedingung:
Im Vertrauen zu Jesus Christus fest gegründet bleiben und sich nicht abbringen lassen von der Vollendungshoffnung, von der das Evangelium spricht. (Siehe die Verheißungen im Kapitel „... wird auferstehen in Herrlichkeit" und in diesem Kapitel)

(356) 1. Johannesbrief 3,2

Meine Lieben, wir sind schon Gottes Kinder; es ist aber noch nicht offenbar geworden, was wir sein werden. Wir wissen aber: wenn es offenbar wird, werden wir ihm (Jesus Christus) gleich sein; denn wir werden ihn sehen, wie er ist.

Verheißung:
„... werden wir ihm (Jesus Christus) gleich sein"

Erklärung:
Das wird die letzte große Verwandlung der Kinder Gottes
sein. Auf der Erde geschieht die Prägung unseres Lebens
in einem lebenslangen Prozeß, aber im Himmel wird uns
das Geschenk der Vollkommenheit in einer Sekunde gegeben, und zwar dann, wenn wir Jesus Christus sehen.

(357) Offenbarung 7,16.17

Sie werden nicht mehr hungern noch dürsten; es wird auch
nicht auf ihnen lasten die Sonne oder irgendeine Hitze; denn
das Lamm mitten auf dem Thron wird sie weiden und leiten zu
den Quellen des lebendigen Wassers, und Gott wird abwischen
alle Tränen von ihren Augen.

Verheißung:
(der gesamte Text)
Erklärung:
Es sind herrliche Bilder für tiefe Lebenserfüllung, für Geborgenheit und das Erleben der zarten Liebe Gottes.

Bedingung:
Sünde und Unreinheit im Leben erkannt und vor Jesus
bekannt haben (Vers 14). Beachten Sie bitte das entscheidende „Darum" am Anfang von Vers 15.

(358) Offenbarung 21,3.4

Siehe da, die Hütte Gottes bei den Menschen! Und er wird bei
ihnen wohnen, und sie werden sein Volk sein, und er selbst,
Gott mit ihnen, wird ihr Gott sein; und Gott wird abwischen
alle Tränen von ihren Augen, und der Tod wird nicht mehr
sein, noch Leid noch Geschrei noch Schmerz wird mehr sein;
denn das Erste ist vergangen.

Verheißungen:
„. . . er (Gott) wird bei ihnen wohnen"
„. . . sie werden sein Volk sein"
„. . . und er (Gott) selbst wird ihr Gott sein"
„. . . Gott wird abwischen alle Tränen von ihren Augen"
„. . . der Tod wird nicht mehr sein, noch Leid . . ."

(359) Offenbarung 21,5

Und der auf dem Thron saß, sprach: Siehe, ich mache alles neu!

Verheißung:
> „. . . Siehe, ich (Jesus Christus) mache alles neu!"

(360) Offenbarung 22,14

Selig sind, die ihre Kleider waschen, daß sie teilhaben an dem Baum des Lebens und zu den Toren hineingehen in die Stadt.

Verheißung:
> „. . . daß sie teilhaben an dem Baum des Lebens"
> „. . . und zu den Toren hineingehen in die Stadt"

Bedingung:
> Ein gereinigtes Leben durch die Vergebung der Sünden.

Erklärung:
> „. . . die ihre Kleider waschen" ist ein Bild für die Vergebung und Reinigung. Siehe auch Offenbarung 7,14.

(361) Offenbarung 22,3–5

Und der Thron Gottes und des Lammes wird in der Stadt sein, und seine Knechte werden ihm dienen und sein Angesicht sehen, und sein Name wird an ihren Stirnen sein. Und es wird keine Nacht mehr sein, und sie bedürfen keiner Leuchte und nicht des Lichts der Sonne; denn Gott der Herr wird sie erleuchten, und sie werden regieren von Ewigkeit zu Ewigkeit.

Verheißung:
> „. . . und seine Knechte werden ihm dienen"
> „. . . und sein Angesicht sehen"
> „. . . und sein Name wird an ihren Stirnen sein"
> „. . . Gott der Herr wird sie erleuchten"
> „. . . und sie werden regieren von Ewigkeit zu Ewigkeit"

Bedingung:
> „Seine Knechte" (Grundtext: Sklaven) sein, ein Bild für die bedingungslose Lebenshingabe an Jesus Christus.

Erklärung:
Wir haben hier einen biblischen Text mit vielen Verheißungen, die alle die Vollendung beschreiben.

„Was kein Auge gesehen hat . . ."

Sie wurden in eine von Gott abgefallene Welt hineingeboren.
Alles, was Sie umgibt, ist nicht mehr so, wie Gott es ursprünglich gewollt hat. Und auch Sie sind nicht so, wie Sie eigentlich
sein sollten. Noch nie haben Sie und noch nie habe ich einen
Tag erlebt, an dem alles so war, wie es sein sollte. Was Vollkommenheit ist, können wir darum nicht sagen, und wir können es
uns auch in den kühnsten Träumen nicht vorstellen, denn wir
haben noch nie Vollkommenheit erlebt. Gott aber ist ein voll-
kommener Gott, und darum ist sein Ziel mit allem, was er geschaffen hat, Vollkommenheit, und er wird es erreichen.
Für uns jedoch wird Vollkommenheit, bis wir es selbst erleben,
ein „weißer Fleck" bleiben, ein „weißer Fleck" in unserer Vorstellung und ein „weißer Fleck" in unserem Erleben.

Verheißungsgruppe 8:

Von der Stabilität des Wortes Gottes

33. ... meine Worte werden nicht vergehen

„Himmel und Erde werden vergehen; aber meine Worte werden nicht vergehen" (Matthäus 24,35).

Auf Gottes Wort ist Verlaß! Es ist sicherer als die Existenz von Himmel und Erde. Alles Sichtbare wird einmal nicht mehr sein, aber Gottes Wort bleibt in Ewigkeit.
Der Prophet Jesaja wurde von Gott aufgefordert, diese Wahrheit zu predigen:
„Es spricht eine Stimme: Predige!, und ich sprach: Was soll ich predigen? Alles Fleisch ist Gras, und alle seine Güte ist wie eine Blume auf dem Felde. Das Gras verdorrt, die Blume verwelkt, aber das Wort unseres Gottes bleibt ewiglich" (Jesaja 40,6.8).
Jesus Christus sagte zu seinen Jüngern, als viele seiner „Fans" sich von ihm zurückzogen:
„Die Worte, die ich zu euch geredet habe, die sind Geist und sind Leben" (Johannes 6,63).

Wer die Bibel öffnet, sollte sich darüber klar sein, daß er kein natürliches Buch in der Hand hält, sondern ein übernatürliches. Hier schreiben nicht hervorragende Denker wesentliches zum Thema „Gott und die Welt", sondern hier ergreift Gott selbst das Wort. Gott spricht, Gott zeigt, und Menschen schreiben. Das ist das Geheimnis der Bibel, und das ist zugleich ihre Autorität und ihre Zeitlosigkeit. Bücher, Artikel, Tageszeitungen – alles, was Menschen zu Papier bringen, und seien es noch so großartige Gedanken, das alles ist keine endgültige Wahrheit, es sei denn, daß sie Gottes Wort zu Gehör bringen. Die Quelle der Wahrheit ist Gottes Wort, und das finden Sie in der Bibel.
Ein entscheidender Faktor ist dabei der richtige Umgang mit dem Wort der Bibel. Nicht alle Verheißungen und nicht alle Aussagen gelten für heute und gelten den Christen. Das ist zu beachten.
Ein Beispiel: Sie finden in Ihrem Briefkasten einen Brief, der eigentlich an irgend jemand in der Nachbarschaft gerichtet ist. Sie entdecken das jedoch erst, als Sie den Brief schon geöffnet haben. Er enthält eine Einladung zu einer Party. Der Absender

ist Ihnen unbekannt. Werden Sie diese Party besuchen, nur weil der Brief in Ihrem Briefkasten lag? Die Antwort dürfte klar sein.

Die Einladung gilt. Sie war kein Aprilscherz. Aber sie gilt nicht Ihnen.

So gibt es Aussagen der Bibel, die sich an das Volk Israel richten, andere sind speziell an wiedergeborene Menschen geschrieben, und wieder andere haben eine prophetische Bedeutung für einen späteren Zeitabschnitt.

Allerdings ist der Geist Gottes souverän. Er kann auch einen Bibeltext, der ursprünglich an das Volk Israel gerichtet ist, einem Menschen in einer ganz bestimmten Situation heute zusprechen. Dann ist das ein „rhema", ein persönliches Reden Gottes in einer bestimmten Lage zu einem bestimmten Menschen.

Grundsätzlich kann jedoch gesagt werden, daß fast alle Verheißungen des Neuen Testamentes denen gelten, die eine Entscheidung für Christus getroffen haben und Kinder Gottes sind. Die letzte Verheißungsgruppe soll eine Ermutigung zum Vertrauen auf Gottes Wort sein.

(362) Matthäus 24,35

Himmel und Erde werden vergehen; aber meine Worte werden nicht vergehen.

Verheißung:
    „. . . meine Worte werden nicht vergehen"

Erklärung:
    Jesus Christus hat damit seinen Jüngern deutlich gemacht, daß man sich auf seine Worte, seine Zusagen absolut verlassen kann.

Parallel:
    Markus 13,31 / Lukas 21,33

(363) Matthäus 7,24.25

Darum, wer diese meine Rede hört und tut sie, der gleicht einem klugen Mann, der sein Haus auf Fels baute. Als nun ein Platzregen fiel und die Wasser kamen und die Winde wehten und stießen an das Haus, fiel es doch nicht ein; denn es war auf Fels gegründet.

Verheißung:
> „... fiel es doch nicht ein"

Erklärung:
> Gemeint ist das Leben eines Menschen, das die Stürme des Lebens wohl erschüttern kann, aber nicht zum Einsturz (Verbitterung, Drogen, Kriminalität, Selbstmord) bringt.

Bedingung:
> Auf Jesus, auf Gottes Wort, hören und danach handeln.

(364) 1. Thessalonicher 2,13

Darum danken wir auch Gott ohne Unterlaß dafür, daß ihr das Wort der göttlichen Predigt, das ihr von uns empfangen habt, nicht als Menschenwort aufgenommen habt, sondern als das, was es in Wahrheit ist, als Gottes Wort, das in euch wirkt, die ihr glaubt.

Verheißung:
> „... das (Gottes Wort) in euch wirkt"

Bedingung:
> Glauben an das „Wort göttlicher Predigt".

Erklärung:
> Dieses „Wort göttlicher Predigt" finden wir heute in der Bibel, aber es begegnet uns auch überall dort, wo Gottes Wort bibelgebunden und in der Kraft es Heiligen Geistes verkündigt wird.

(365) 1. Petrus 1,25

... aber des Herrn Wort bleibt in Ewigkeit. Das ist aber das Wort, welches unter euch verkündigt ist.

Verheißung:
> „... aber des Herrn Wort bleibt in Ewigkeit"

Erklärung:
> Die urchristliche Verkündigung ist uns im Neuen Testa-

ment überliefert. Auch heute ist die Verkündigung „des Herrn Wort", jedoch nur dann, wenn sie mit der Bibel übereinstimmt.

... und Er führt es herrlich hinaus"

Vor Jahren machte ein Wunderheiler ganz besonders von sich reden. Viele suchten ihn auf und ließen sich von ihm behandeln. Nach einigen Informationen, die ich erhielt, kam ich zu der Überzeugung, daß dieser Mann nicht mit göttlichen, sondern mit dämonischen Kräften heilt. Und das habe ich dann auch öffentlich in einer missionarischen Veranstaltung gesagt. Meine Aussage zog Kreise. Ein Busunternehmer, der am darauffolgenden Wochenende eine Fahrt zu jenem Heiler geplant hatte, mußte die Fahrt streichen, weil die meisten Teilnehmer auf Grund meiner Beurteilung absagten. Der Unternehmer teilte das dem Wunderheiler mit. Eine Tonbandaufnahme meiner Ansprache wurde ihm zugestellt, und daraufhin zeigte er mich wegen Personenbeleidigung und Geschäftsschädigung an. Ich erhielt eine einstweilige Verfügung und mußte einen Rechtsanwalt nehmen.

Der Rechtsanwalt, ein älterer Herr, schüttelte bedenklich den Kopf:

„Das kann eine teure Sache werden", erklärte er mir.

„Eine Beweisführung im Blick auf dämonische oder göttliche Kräfte kann mit Rechtsmitteln kaum erbracht werden. Das einfachste ist: Sie widerrufen Ihre Aussagen öffentlich. Überlegen Sie sich das." Wir vereinbarten einen weiteren Gesprächstermin.

Was sollte ich tun? Ich war völlig ratlos. Widerrufen konnte ich nicht. Es wäre eine Lüge gewesen. Und einen Prozeß wollte ich nicht. Welch ein Zeitaufwand. Wieviel Nervenkraft würde es kosten. Ich sprach zuerst mit meiner Frau, und sie stellte sich voll hinter die Wahrheit. Dann rief ich einige Mitarbeiter an, und auch sie machten mir Mut.

An dem Tag, an dem der zweite Gesprächstermin bei dem Rechtsanwalt vereinbart war und an dem die Entscheidung getroffen werden mußte, stand ich wie gewohnt um 5.00 Uhr auf, um in unserem Kirchensaal zu beten. Ich hatte nur einen Gedanken: Welche Antwort sollte ich dem Rechtsanwalt geben?

„Herr Jesus Christus, gib Du mir die Antwort", so betete ich nicht nur einmal.

Plötzlich fiel mein Blick auf die große Bibel, die geöffnet auf dem Altar lag. „Herr", sagte ich, „durch Dein Wort kannst Du mir die Antwort geben. Ich werde jetzt in diese Bibel schauen, und ich werde keine Seite umblättern. Gib mir Deine Weisung auf der Seite, die aufgeschlagen ist. Lenke meine Blicke auf das Wort, das Antwort ist."

So ging ich betend zum Altar. Mein Blick fiel auf einen fettgedruckten Satz aus dem Buch des Propheten Jesaja. Er stand auf der rechten Seite ganz unten und lautete:

„Sein Rat ist wunderbar, und er führt es herrlich hinaus."

Ich war überwältigt. Bewegt sagte ich „Danke!". Das war kristallklar: Gott selbst würde die Sache in die Hand nehmen. Er würde es herrlich hinausführen.

Aber dann wurde ich doch unsicher. Was war sein Rat?

Noch einmal schaute ich betend in die Bibel. Dabei entdeckte ich einen zweiten fettgedruckten Satz. Er stand dem ersten Bibeltext genau gegenüber und lautete:

„Wer glaubt, der flieht nicht."

Das war unzweifelhaft Gottes zweite Antwort. Deutlicher konnte es nicht sein. „Nicht fliehen!" Also bei der Wahrheit bleiben. Mich erfüllte eine große Freude. Alle Zweifel waren wie weggeblasen. Ich war absolut sicher. Gott hatte zu mir gesprochen, und nun würde alles gut werden.

Ich wußte, daß beide Sätze, die im Buch des Propheten Jesaja, Kapitel 28, stehen, vor 2700 Jahren Israel zugerufen wurden. Aber heute galten sie mir. Sie waren Gottes Wort in jener aufregenden Situation an mich.

Mit beiden Bibelworten im Herzen ging ich an diesem Morgen in das Rechtsanwaltsbüro. Der ältere Herr zündete sich eine Zigarre an und fragte dann erwartungsvoll:

„Was machen wir, Herr Pastor?"

Ich erklärte ihm, daß ich an diesem Morgen eine Antwort von Gott erhalten hatte. Und dann zitierte ich beide Bibeltexte.

„Ich werde nicht fliehen, Herr Rechtsanwalt. Ich nehme nichts zurück."

Fassungslos sah er mich an. Er gab mir zu verstehen, daß das in seiner ganzen Praxis noch nicht vorgekommen sei. Aber er akzeptierte meine Entscheidung.

Und dann hat Gott alles wirklich wunderbar hinausgeführt. Ich habe von jenem seltsamen Heiler nichts mehr gehört. Nur soviel kam mir zu Ohren, daß er mehrere Prozesse laufen hatte und dann irgendwann einen Erpresserbrief erhielt. Es soll um eine horrende Summe gegangen sein. Daraufhin habe er alle Anzeigen zurückgezogen. Kurz: Das Gerichtsverfahren fand nicht statt.

„. . . und er führt es herrlich hinaus."

Begriffskonkordanz der Verheißungen

Die Ziffern beziehen sich **nicht** auf die Seitenzahlen, sondern auf die Nummern der 365 Verheißungen.

achthaben: 160
Alltägliches: 139, 140, 141, 142, 144
Anerkennung: 75
angenommen werden: 5, 36, 118
Angst: 266
Auferstehung (auch Auferweckung): 74, 185, 268, 283, 302, 303, 304, 305, 306, 307, 308, 309, 310, 315, 319, 341
aufnehmen (Jesus): 31, 69, 70, 71, 72, 118, 124, 240, 305
aufrichten: 136, 180
Aufrichtigkeit: 2, 4, 15
Auftrag: 172, 219, 230, 243, 244, 247, 270
Ausdauer: 188
Ausgeglichenheit: 159, 160
Ausstrahlung: 238, 239, 241, 242, 248
Autorität: 218, 219, 220, 221, 222, 223, 225, 227, 228, 229, 231, 236, 241, 249, 251
Barmherzigkeit: 148, 213, 283
Befreiung: 38, 84, 184, 221, 223, 344
Beichte: 50, 181
Bekehrung: 46, 48
bekennen: 30, 115, 237, 250
Belohnung: 75, 149, 239, 244, 257, 258, 260, 261, 262, 263, 264, 265, 266, 268, 269, 270, 273, 276, 277, 278, 279, 285, 292
berufen: 284, 314
Besitz: 336
Besonnenheit: 19
Bewahrung: 93, 235, 269, 298
Bibel: 21, 73, 83, 94, 103, 104, 176, 269, 335, 362, 362, 364
bitten: 122, 162, 163, 164, 165, 167, 170, 171, 172, 173, 176, 177, 179
Buße: 46, 204
Demut: 125, 198
dienen: 75, 106, 131, 183, 197, 261, 262, 267, 277, 279, 361
Durchblick: 99, 102, 113, 122, 200
durchhalten: 60, 277, 286, 287, 288, 289, 290, 291, 292, 293, 295
Ehre: 75, 196, 198, 256, 259, 261, 262, 264, 267, 274, 275, 282, 286, 287, 290, 291, 292, 293, 313

Einblick: 21
Einheit (mit Vater und Sohn): 105, 171, 313, 321
Einheit (mit Christen): 107, 165
Einsatzbereitschaft: 213, 215, 262, 277, 278
Entrückung: 318, 319, 320, 321
erben: 260, 264, 269, 270, 271, 279, 295
Erkenntnis: 15, 18, 21, 55, 83, 99, 103, 113, 122, 134, 200, 201, 202, 205, 215, 248, 304, 347
Erlösung: 6, 7, 8, 9, 10, 11, 12, 13, 14, 15, 16, 19, 20, 21, 22, 24, 30, 38, 82, 128, 207, 328, 342
Ermahnung: 107, 314
Erneuerung: 188, 192
Evangelium: 12, 14, 281, 355
ewiges Leben: 54, 54, 58, 62, 64, 65, 66, 67, 68, 70, 71, 72, 73, 74, 76, 77, 78, 78, 80, 88, 93, 122, 136, 137, 184, 260, 287, 288, 297, 303, 304, 305, 311, 321
Familie: 11
Festigkeit: 98, 151, 287, 355
Freiheit: 81, 83, 85, 86, 87, 344
Freude: 107, 149, 159, 173, 208, 265
Freundlichkeit: 209
Frieden: 33, 89, 152, 208, 216, 229, 238
Frucht: 172, 184, 208, 209, 211, 212, 213, 215, 216, 243, 244, 245, 273, 277
Führung (Geistesleitung): 35, 100
Fülle: 119, 127, 129, 130, 131, 133, 134, 143, 145, 228, 263
Fürbitte: 178, 181, 199
Fürsorge: 141, 146, 151, 329,
geben: 143, 163, 257
Gebet: 161, 162, 163, 164, 165, 167, 168, 169, 170, 171, 172, 173, 174, 175, 176, 177, 179, 180, 182
Gebetserhörung: 162, 163, 165, 167, 168, 169, 171, 172, 173, 176, 177, 178, 179, 180
Geborgenheit: 36, 88, 89, 90, 91, 155
Geduld: 208, 215, 285, 286, 333
Gehorsam: 103, 110, 112, 113, 176
Gemeinschaft (mit dem Vater und dem Sohn): 75, 100, 101, 102, 104, 105, 107, 108, 109, 110, 111, 112, 113, 114, 115, 116, 117, 118, 128, 166, 220, 292, 294, 300, 321, 329
Gemeinschaft (mit Christen): 49, 99, 114